编委会

定点医药机构
医保基金安全管理实战

The Practical Management of Medical Insurance Fund
Security in Designated Medical and Pharmaceutical Institutions

主　编　袁向东

暨南大學出版社
JINAN UNIVERSITY PRESS

中国·广州

图书在版编目（CIP）数据

定点医药机构医保基金安全管理实战 ／ 袁向东主编. —广州：暨南大学出版社，2024. 11

ISBN 978-7-5668-3939-8

Ⅰ. ①定…　Ⅱ. ①袁…　Ⅲ. ①医疗保险—基金管理—研究—中国　Ⅳ. ①F842. 613

中国国家版本馆 CIP 数据核字（2024）第 104953 号

定点医药机构医保基金安全管理实战

DINGDIAN YIYAO JIGOU YIBAO JIJIN ANQUAN GUANLI SHIZHAN

主　编：袁向东

出 版 人：阳　翼
策　　划：黄圣英
责任编辑：郑晓玲
责任校对：刘舜怡　黄晓佳
责任印制：周一丹　郑玉婷

出版发行：暨南大学出版社（511434）
电　　话：总编室（8620）31105261
　　　　　营销部（8620）37331682　37331689
传　　真：（8620）31105289（办公室）　37331684（营销部）
网　　址：http：//www.jnupress.com
排　　版：广州市广知园教育科技有限公司
印　　刷：广东信源文化科技有限公司
开　　本：787mm×1092mm　1/16
印　　张：11.5
字　　数：181 千
版　　次：2024 年 11 月第 1 版
印　　次：2024 年 11 月第 1 次
定　　价：79.80 元

▶ 前　言

　　医保基金是人民群众的"看病钱""救命钱"，党中央、国务院历来高度重视医保基金安全。伴随着医保基金监管常态化、专业化、智能化的进程，《医疗保障基金使用监督管理条例》《关于加强定点医药机构相关人员医保支付资格管理的指导意见（征求意见稿）》等一系列法律法规的发布，进一步织密扎牢医保基金监管"笼子"，加大了针对医院管理者、医保医师违规使用医保基金的处罚力度，需要广大医务工作者强烈重视。

　　在此背景下，本书以维护医保基金安全为导向，以生动的案例说法，为定点医药机构安全使用医保基金提供系统性的管理思路和实践经验。全书共六章，第一至四章供医院管理者阅读，第五、六章供药店管理者参考。开篇第一章即医保基金使用监督管理体系和法律法规的政策解读，有助于定点医药机构的医保管理者了解、宣传医保政策。第二章为定点医药机构的医保基金安全管理体系组织架构、管理方案、各职能部门管理职责及措施。尤其是其中的基金安全自查自纠工作的方法、要点，极大便利了医疗机构落实自查自纠工作。第三章从《医疗保障基金使用监督管理条例》规定的定点医疗机构医保管理责任与义务出发，制定了合规使用医保基金的现场检查条款。第四章以骗保行为、一般违规行为、内控管理问题为大纲，明确违法违规使用医保基金的问题界定、常见违规情形。第五、六章阐述了定点零售药店医保基金安全管理工作方案、自查自纠和违法违规行为，为2024年首次纳入医保飞检的药店管理者提供了一站式解决方案。

2024 年 4 月，国家医保局等六部委联合发布《2024 年医保基金违法违规问题专项整治工作方案》，明确坚持宽严相济，依法分类处置。开展自查自纠是落实宽严相济政策的具体体现，各地医保局在国家医保局指导下结合实际，陆续发布本地医保负面清单，要求定点医药机构自查自纠。本书既包含了常见的医保负面清单问题，又为自查自纠提供了技术指引。定点医药机构管理者可以参考开展自查自纠和整改工作，完善内控管理，避免系统性风险，有效降低医保基金监管现场检查的应对压力。

在配合医保部门开展监管工作的同时，我们也应认识到医保基金监管给广大医药机构带来的正面影响。医保基金监管可以促使定点医药机构合规经营，确保医保基金的使用更加合理、高效，减少不必要的医疗服务和药品使用，规范医疗市场秩序。在降低医保基金支出，提高使用效率的同时，减少医疗乱象和违规行为，提高医疗服务的透明度，提升医疗机构的整体形象和公信力。

展望未来，医保基金监管将持续发力，监管体系及长效机制将不断完善。广大医药机构的医保管理者同行们需要转变思想，主动自觉维护医保基金安全，共同营造风清气正的行业环境。

本书的出版得到了广大同仁的大力支持，在此深表感谢！出版专著分享知识，责任重大，编委会撰写此书时力求做到科学、严谨、准确，但字词图表仍难免错漏，敬请读者不吝指正，以日臻完善。

袁向东

2024 年 9 月

▶ 目　录

第一章

背景

　　医疗保障基金作为人民群众的"看病钱""救命钱"，其安全使用涉及广大群众的切身利益，关系医疗保障制度健康持续发展。然而，医疗保障基金使用主体多、链条长、风险点多，因此监管难度大，监管形势严峻。近些年我国医保基金监管相关法律法规逐渐严密，尤其是《医疗保障基金使用监督管理条例》（以下简称"《条例》"）、《关于加强定点医药机构相关人员医保支付资格管理的指导意见（征求意见稿）》的颁布与实施，为医保基金扎牢监管"笼子"，并让监管"长牙齿"，直逼"痛处"，落到实处，确保有限的医疗资源用在"刀刃"上。

第一节　定点医药机构医保基金使用违规现状

　　自《国务院关于建立城镇职工基本医疗保险制度的决定》（国发〔1998〕44号，以下简称"44号文件"）发布，1998—2011年我国逐步建成了覆盖全民的基本医疗保险体系，2011年后参保率稳定在95%以上。与此同时，居民医保基金年支出从2013年的971亿元迅速上升到2022年的9 353亿元。2022年，职工医保和居民医保的参保人享受待遇共计42.61亿人次，

1

其中普通门（急）诊34.6亿人次、门诊慢特病5.77亿人次、住院2.2亿人次。[①] 在医疗服务的供给侧，定点医药机构按照与医保经办机构签订的服务协议提供医疗服务。截至2023年8月底，全国定点医药机构达到了107.8万家，包括定点医疗机构59.4万家、定点零售药店48.4万家。[②] 这些数据表明，仅在一年时间内，数以亿计的参保人在百万家定点医药机构就医、购药达数十亿人次之多，医保基金使用的主体之多、链条之长、风险点之多不言而喻，这也给医保基金安全使用的监管工作带来了巨大的挑战。

医保基金监管以44号文件作为开端，经历了监管能力逐渐增强、监管手段从单一到综合、监管方式从以行政为主到依法治理、工作地位从常规到首要任务的发展演进，特别是自2018年国家医疗保障局成立以来，医保基金监管体系不断完善，监管工作不断规范，医保基金监管长效机制初步形成。

表1-1 2018—2022年全国医保系统检查结果[③]

年份	被检查定点医药机构/家	查处违法违规违约医药机构/家				全年追回资金/亿元
		共计	解除医保协议	行政处罚	移交司法机关	
2018年	19.7万	6.6万	1 284	—	127	—
2019年	81.5万	26.4万	6 730	6 638	357	115.56
2020年	62.7万	40.1万	6 008	5 457	286	223.10
2021年	70.8万	41.4万	4 181	7 088	404	234.18
2022年	76.7万	39.8万	3 189	12 029	657	188.40

注："—"表示无此统计数据。

[①] 数据来源：2022年全国医疗保障事业发展统计公报. http://www.nhsa.gov.cn/art/2023/7/10/art_7_10995.html.

[②] 数据来源：国新办举行《社会保险经办条例》国务院政策例行吹风会. http://www.nhsa.gov.cn/art/2023/9/4/art_14_11222.html.

[③] 数据来源：2018年全国基本医疗保障事业发展统计公报. http://www.nhsa.gov.cn/art/2019/6/30/art_7_1477.html?from = singlemessage&isappinstalled = 0. 2018；2019年医疗保障事业发展统计快报. https://www.gov.cn/guoqing/2020-03/30/content_5507506.htm；2020年全国医疗保障事业发展统计公报. http://www.nhsa.gov.cn/art/2021/6/8/art_7_5232.html；2021年全国医疗保障事业发展统计公报. http://www.nhsa.gov.cn/art/2022/6/8/art_7_8276.html；2022年医疗保障事业发展统计快报. http://www.nhsa.gov.cn/art/2023/3/9/art_7_10250.html。

同时必须清醒地认识到，随着打击欺诈骗取医保基金行为的持续广泛深入开展，以及医保制度改革特别是医保支付方式改革的全面深化，违法违规行为逐渐浮出水面，医保基金监管总体形势依然十分严峻。全国医保系统通过医保经办协议管理方式开展检查工作，查处违法违规违约医药机构数以万计，违法违规违约情形之多令人触目惊心（见表1-1）。2020年后，被检查的定点医药机构中，超半数存在不同程度的违法违规违约问题，且涉及金额巨大。

表1-2　2021—2022年国家飞行检查发现问题统计[①]

统计项目		2021年	2022年
涉嫌违法违规资金/亿元		5.58	9.8
违法行为占比	重复收费、超标准收费、分解项目收费	$\frac{59}{68}$	$\frac{48}{48}$
	串换药品、医用耗材、诊疗项目	$\frac{50}{68}$	$\frac{46}{48}$
	过度诊疗、过度检查、超量开药、重复开药	$\frac{45}{68}$	$\frac{39}{48}$
	不属于医保基金支付范围的医药费用纳入医保结算	$\frac{52}{68}$	$\frac{43}{48}$
	分解住院、挂床住院	$\frac{14}{68}$	部分
	超医保支付限定用药、无资质开展诊疗服务、药品耗材进销存不符、虚记收费以及其他不合理收费等	$\frac{54}{68}$	

注：表中分数，分母代表被飞检医院数量，分子代表违法违规医院数量。

---

① 数据来源：2019年医疗保障事业发展统计快报. https://www.gov.cn/guoqing/2020-03-30/content_5507506.htm；2020年全国医疗保障事业发展统计公报. http://www.nhsa.gov.cn/art/2021/6/8/art_7_5232.html；国家医疗保障局2021年度医保基金飞行检查情况公告. http://www.nhsa.gov.cn/art/2022/5/19/art_109_8208.html；国家医疗保障局2022年度医保基金飞行检查情况公告. http://www.nhsa.gov.cn/art/2023/6/13/art_109_10807.html。

国家医疗保障局 2019 年初组成飞行检查组，对全国定点医药机构医疗保障基金使用情况开展飞行检查，初步探索建立医疗保障基金监督管理飞行检查工作机制，2019 年查出涉嫌违法违规金额为 22.26 亿元，2020 年为 5.4 亿元。2021 年后医保基金监管力度持续增大，越来越多的违规问题浮出水面（见表 1-2）。截至 2022 年，几乎所有被飞行检查的定点医疗机构均出现了《条例》所列举的违规情形，医保基金监管工作面临着十分严峻的挑战。

从以上医保基金违规使用问题分析可以看出，医保基金违规使用情形几乎存在于每家定点医药机构，具有普遍性和共通性。飞行检查结果也为全体定点医药机构敲响了警钟，警示定点医药机构要认真学习医保基金监管的相关法律法规，全面落实医保基金安全使用的相关要求。

第二节　医保基金安全使用监管法律法规

党中央、国务院高度重视医疗保障基金使用监督管理工作，发布《中共中央、国务院关于深化医疗保障制度改革的意见》和《国务院办公厅关于推进医疗保障基金监管制度体系改革的指导意见》（以下简称"《指导意见》"），要求制定完善医保基金监管相关法律法规及配套办法。

一、政策回顾

从 2003 年《社会保险稽核办法》颁布起，一系列法律法规、政策条例相继公布（见图 1-1）。国家医疗保障局成立之后，逐渐建立了完善的协同监管工作机制，医保基金安全使用的监管能力不断提升，监管方式逐渐多样化，责任追究机制不断建立健全，为医保基金监管构建了法制及规范保障。定点医药机构的医保管理者要熟悉基金监管的法律法规体系，也要及时学习最新发布的基金监管法律法规，并按单位自身实际情况整理材料，传达至相应科室、医生。

法律

- 《中华人民共和国社会保险法》（2018 年修正）
- 《中华人民共和国基本医疗卫生与健康促进法》（2019 年）

政策规范

- 《中共中央 国务院关于深化医疗保障制度改革的意见》（2020 年）
- 《关于推进医疗保障基金监管制度体系改革的指导意见》（2020 年）
- 《关于加强医疗保障基金使用常态化监管的实施意见》（2023 年）

部门规章

- 《社会保险稽核办法》（2003 年）
- 《零售药店医疗保障定点管理暂行办法》（2020 年）
- 《医疗机构医疗保障定点管理暂行办法》（2020 年）
- 《医疗保障行政处罚程序暂行规定》（2021 年）
- 《医疗保障基金使用监督管理举报处理暂行办法》（2022 年）
- 《医疗保障基金飞行检查管理暂行办法》（2023 年）

部门规范

- 《国家医疗保障局关于建立医药价格和招采信用评价制度的指导意见》（2020 年）
- 《医疗保障系统全面推行行政执法公示制度执法全过程记录制度重大执法决定法制审核制度实施办法（试行）》（2020 年）
- 《规范医疗保障基金使用监督管理行政处罚裁量权办法》（2021 年）
- 《国家医保局 公安部关于加强查处骗取医保基金案件行刑衔接工作的通知》（2021 年）
- 《医疗保障基金智能审核和监控知识库、规则库管理办法（试行）》（2022 年）
- 《违法违规使用医疗保障基金举报奖励办法》（2022 年）
- 《关于加强定点医药机构相关人员医保支付资格管理的指导意见（征求意见稿）》（2023 年）

行政法规

- 《医疗保障基金使用监督管理条例》（2021 年）
- 《社会保险经办条例》（2023 年）

通知

- 《国家医保局 财政部 国家卫生健康委 国家中医药局关于开展 2022 年度医疗保障基金飞行检查工作的通知》（2022 年）
- 《国家医保局 最高人民检察院 公安部 财政部 国家卫生健康委关于开展医保领域打击欺诈骗保专项整治工作的通知》（2023 年）
- 《国家医疗保障局关于做好基本医疗保险医用耗材支付管理有关工作的通知》（2023 年）

图 1-1　现行医保基金监管相关法律法规

医保基金监督管理不仅是医保管理部门的重要工作，还涉及医药服务领域作风建设、医药领域腐败问题，多部委联合发文对此进行了着重强调。定点医药机构的医保管理部门要及时关注最新政策要求、监管重点，并对照监管重点开展自查自纠。例如，2023 年 5 月，国家卫生健康委等十四部委联合发布的《关于印发 2023 年纠正医药购销领域和医疗服务中不正之风工作要点的通知》，明确了基金监管 2023 年重点惩治利用虚假证明材料、虚构医药服务项目或虚计项目次数，串换药品耗材、诊疗项目或服务设施等欺诈骗保问题。2023 年 7 月，国家卫生健康委会同九部委联合召开全国医药领域腐败问题集中整治工作视频会议，部署开展为期 1 年的全国医药领域腐败问题集中整治工作。在自查自纠工作中，医药机构内设的医保管理部门不仅要看到医保基金违规使用的表面问题，还要联合纪委揪出可能隐藏的腐败问题。

《条例》是我国医疗保障领域的首部行政法规，明确为老百姓的"看病钱"划定不能触碰的"红线"，为整个医保制度步入法治化奠定了基石。《条例》一方面织密扎牢医保基金监管的制度"笼子"，明确医保基金使用相关主体的职责，对加强医保协议管理提出了要求；另一方面加大对违法行为处罚力度，针对不同违法主体、违法行为、违法情形，综合运用多种处罚措施，分别设置相应的法律责任，提升了法律震慑力。因此本章深入解读《条例》的定点医药机构管理要求、骗保及违法行为界定，帮助定点医药机构理解"红线"、树立"红线"意识。

二、《条例》 解读

《条例》适用范围为基本医疗保险（含生育保险）基金、医疗救助基金等医疗保障基金，医保基金支付范围包括药品目录、诊疗项目、医疗服务设施范围和支付标准，这些范围内的医保基金使用行为均适用于《条例》的监管要求。定点医药机构是医疗保障基金使用最重要的服务主体，许多医院中来自医保基金的收入可达到其医疗收入一半以上。因此，定点医药机构加强内部管理对促进医疗保障基金安全有效使用，做到风险可控、责任溯源有着至关重要的作用。

（一）　基本要求

按照《条例》第十二条要求，定点医药机构负有按规定高质量提供医药服务的义务，并要合理使用医疗保障基金。定点医药机构应当按照规定提供医药服务，不仅要遵守相关的法律、法规、规章以及内部质量管理和控制制度，还应符合临床诊疗指南、临床技术操作规范和行业标准以及医学伦理规范等有关要求，既包括对技术规范和行业标准的遵守，也包括对医学伦理规范的遵守。为了提高服务质量，在遵守相关规定的基础上，要合理检查、合理用药、合理诊疗。医疗保障基金用于保障基本医疗，如果定点医药机构提供超出基本医疗保障范围的服务，仍向医保经办机构申请医疗保障基金支付，则侵害了其他参保人员权益。

第十二条

- 医疗保障经办机构应当按照服务协议的约定，及时结算和拨付医疗保障基金。

- 定点医药机构应当按照规定提供医药服务，提高服务质量，合理使用医疗保障基金，维护公民健康权益。

（二）　管理制度及相关违规处理

定点医药机构通过选择使用具体的药品或诊疗项目，可以直接影响医疗保障基金使用效能。因此建立健全医保相关的管理制度，既是贯彻落实现代医院管理制度，也是适应医疗保障制度改革、加强定点医药机构管理的必然要求。

《条例》第十四条对定点医药机构加强医疗保障基金使用的内部制度建设、管理队伍、考核评价、政策培训、自查自纠等方面提出要求，涉及医保基金管理、就医管理、结算管理、信息管理、质量管理等方面的管理制度。主要包括：

第十四条

- 定点医药机构应当建立医疗保障基金使用内部管理制度，由专门机构或者人员负责医疗保障基金使用管理工作，建立健全考核评价体系。

- 定点医药机构应当组织开展医疗保障基金相关制度、政策的培训，定期检查本单位医疗保障基金使用情况，及时纠正医疗保障基金使用不规范的行为。

（1）通过组织医疗保障基金相关制度与政策培训，增强其对于医保制度的理解和执行效力，也可以通过定点医药机构的工作人员向参保人员宣传医疗保障基金相关政策，实现共同维护医疗保障基金的合力。

（2）建立健全考核评价体系，提升定点医药机构工作人员的积极性。

（3）对本单位医疗保障基金使用情况开展日常检查，及时纠正虚假就医、分解住院、分解处方等问题。通过处方点评等制度来检查本单位医疗保障基金使用情况，发现问题及时纠正；在提供医药服务过程中，如果发现参保人员不规范使用医疗保障基金的行为，也要及时纠正。

如因管理不善发生《条例》第三十九条规定的违规情形，则可能被处以责令改正、约谈、罚款等处理。为压实定点医药机构负责人的管理责任，当定点医药机构造成医疗保障基金重大损失或者其他严重不良社会影响时，除了按照《条例》第三十八条、第三十九条、第四十条等有关规定作出处罚外，还有必要将责任追究到人，向法定代表人或者主要负责人敲响警钟。《条例》第四十三条也对定点医药机构违法行为责任落实到人进行了规定，如果定点医药机构违反本条例规定，造成医疗保障基金重大损失或者其他严重不良社会影响的，其法定代表人或者主要负责人 5 年内禁止从事定点医药机构管理活动，由有关部门依法给予处分。

第三十九条

- 定点医药机构有下列情形之一的，由医疗保障行政部门责令改正，并可以约谈有关负责人；拒不改正的，处 1 万元以上 5 万元以下的罚款；违反其他法律、行政法规的，由有关主管部门依法处理：

（一）未建立医疗保障基金使用内部管理制度，或者没有专门机构或者人员负责医疗保障基金使用管理工作；

（二）未按照规定保管财务账目、会计凭证、处方、病历、治疗检查记录、费用明细、药品和医用耗材出入库记录等资料；

（三）未按照规定通过医疗保障信息系统传送医疗保障基金使用有关数据；

（四）未按照规定向医疗保障行政部门报告医疗保障基金使用监督管理所需信息；

（五）未按照规定向社会公开医药费用、费用结构等信息；

（六）除急诊、抢救等特殊情形外，未经参保人员或者其近亲属、监护人同意提供医疗保障基金支付范围以外的医药服务；

（七）拒绝医疗保障等行政部门监督检查或者提供虚假情况。

此外，《条例》第二章规定，定点医药机构在向患者提供医药服务时必须履行相应义务，如不履行这些义务也可能造成违规行为。首先，要对患者的身份进行确定，即执行实名就医和购药的管理规定，从源头上遏制参保人员违法违规使用医疗保障基金的行为发生。其次，要提供合理的、必要的医药服务，如根据患者的疾病性质和病情的严重程度，选择有针对性的药物和剂量；根据患者病情变化、不良反应和药物疗效等，及时修订和完善原定方案；根据不同患者的身体情况及病情，进行不同的治疗等。最后，要保证患者及家属的知情权，如定点医药机构在提供医保基金支付范围以外的医药服务时，相关的医药费用需由参保人员自己负担。为了确保医药服务公开、透明，保障参保人员接受医药服务的知情权，避免不合理地增加参保人员个人负担，维护参保人员的合法权益，《条例》规定使用医疗保障目录外的医药服务时，应该征得参保人员或其近亲属、监护人的同意；同时将急诊、抢救等紧急情况作为例外情况，以保证患者得到及时救治。为了保障参保人员的合法权益，定点医药机构提供医药服务后应当向参保人员如实出具费用单据和相关资料等。

资料管理是医院内部管理制度的基础性、必要性工作，但更重要的是，资料管理为医保基金监管提供了信息基础。在医疗保障基金使用过程中，如果能够及时通过资料、数据、信息等追溯违法违规行为产生的根源，找出线索，可以最大程度上发挥基金监管的实效性，

第二十九条

- 开展医疗保障基金使用监督检查，监督检查人员不得少于 2 人，并且应当出示执法证件。
- 医疗保障行政部门进行监督检查时，被检查对象应当予以配合，如实提供相关资料和信息，不得拒绝、阻碍检查或者谎报、瞒报。

有利于确保医疗保障基金的合理使用、安全可控。《条例》第十六条对定点医药机构资料保存、数据传输、信息报告以及信息公开方面的义务作出了规定。如果被检查单位和个人不履行配合义务，阻碍监督检查，构成违反治安管理行为的，由公安机关依法给予治安管理处罚；构成犯罪的，依法追究刑

事责任（《条例》第二十九条）。定点医药机构违反内部管理规定以及未按规定向医疗保障部门传送数据、信息或不配合监督检查等行为，也要承担《条例》第三十九条规定的法律责任，相关违规行为案例分析见本书第四章和第六章。

（三） 骗保行为、 一般违法行为界定

对骗保行为和一般违法行为的界定，是定点医药机构最为关注的《条例》内容。《条例》采用"列举+兜底"的形式，为相关人员执法提供了更为详细、可操作性强的执法依据，也明确为老百姓的"看病钱"划定不能触碰的"红线"。

1. 骗保行为

骗取医疗保障基金支出的行为（以下简称"骗保行为"），是指以欺诈、伪造证明材料或其他手段骗取医疗保障基金支出。欺诈、伪造证明材料等手段，包括虚构事实和隐瞒真相等。骗保行为严重影响医保基金安全，损

第二十条

● 医疗保障经办机构、定点医药机构等单位及其工作人员和参保人员等人员不得通过伪造、变造、隐匿、涂改、销毁医学文书、医学证明、会计凭证、电子信息等有关资料，或者虚构医药服务项目等方式，骗取医疗保障基金。

害参保人员的合法权益。骗保行为多以虚构等"无中生有"的方式实施。骗保行为有一些共同特点：一是主观上以骗取医疗保障基金为目的，二是实施了《条例》规定的骗保行为；三是结果导致了医疗保障基金的损失。医疗保障基金使用过程中的骗保行为较为隐蔽，《条例》对骗保行为进行了更为明确的界定，为相关人员执法提供了更为详细、可操作性强的执法依据，有利于对执法过程中发现的问题准确定性。

2. 一般违法行为

《条例》第十五条对一般违法行为的法律责任作出规定，以"列举+兜底"的形式规定了定点医药机构的违法行为，即定点医药机构及其工作人员在提供医药服务时的禁止性行为，包括：在住院过程中的分解住院、挂床住院行为；在提供医药服务过程中的过度诊疗、过度检查、分解处方、超量开药、重复开药或者提供其他不必要的医药服务，以及为参保人员利用其享受医疗保障待遇的机会转卖药品，接受返还现金、实物或者获得其他非法利益提供便利行为；物价管理中的重复收费、超标准收费、分解项目收费行为；

物资管理中的串换药品、医用耗材、诊疗项目和服务设施的行为；以及将不属于医疗保障基金支付范围的医药费用纳入医疗保障基金结算的违法行为。

第三十八条

- 定点医药机构有下列情形之一的，由医疗保障行政部门责令改正，并可以约谈有关负责人；造成医疗保障基金损失的，责令退回，处造成损失金额 1 倍以上 2 倍以下的罚款；拒不改正或者造成严重后果的，责令定点医药机构暂停相关责任部门 6 个月以上 1 年以下涉及医疗保障基金使用的医药服务；违反其他法律、行政法规的，由有关主管部门依法处理：

（一）分解住院、挂床住院；

（二）违反诊疗规范过度诊疗、过度检查、分解处方、超量开药、重复开药或者提供其他不必要的医药服务；

（三）重复收费、超标准收费、分解项目收费；

（四）串换药品、医用耗材、诊疗项目和服务设施；

（五）为参保人员利用其享受医疗保障待遇的机会转卖药品，接受返还现金、实物或者获得其他非法利益提供便利；

（六）将不属于医疗保障基金支付范围的医药费用纳入医疗保障基金结算；

（七）造成医疗保障基金损失的其他违法行为。

一般违法行为按照实际发生的场景，又可以划分为医保问题、医疗问题和收费问题，方便定点医药机构在内部管理中厘清部门的责任范围。

（1）医保问题。

①为参保人员利用其享受医疗保障待遇的机会转卖药品，接受返还现金、实物或者获得其他非法利益提供便利。

②将不属于医疗保障基金支付范围的医药费用纳入医疗保障基金结算。

（2）医疗问题。

①分解住院、挂床住院。

②违反诊疗规范过度诊疗、过度检查、分解处方、超量开药、重复开药或者提供其他不必要的医药服务。

③造成医疗保障基金损失的其他医疗违法行为（如低标准入院）。

（3）收费问题。

①重复收费、超标准收费、分解项目收费。

②串换药品、医用耗材、诊疗项目和服务设施。

3. 一般违法行为和骗保行为的区分

一般违法行为和骗保行为的区分，关键是看行为动机和目的。以骗取医疗保障基金为目的实施一般骗保行为，造成医保基金损失的情形，即可参照《条例》第四十条第二款判定为骗保行为。例如，个别定点医疗机构为了应对病床周转率的考核，将参保患者应当一次住院完成的诊疗过程分解为两次及以上住院的诊疗过程，由于每次入院都要做入院前检查，这种分解住院行为一定程度上造成了医疗保障基金的浪费。如果该行为的目的并不是骗保，则为一般违法行为。再如，肿瘤医院中一些化疗患者，在下一期化疗的时候可能面临着无床位的情况，为了可以如期化疗，与管床医生进行协商，不办理出院，而是挂床住院，此类行为虽然也造成了医疗保障基金的损失，但如果主观上不存在骗保的故意，不宜定性为骗保行为，应按照《条例》第三十八条进行处理。如果以骗保为目的，出现虚构、虚假、虚开等"无中生有"的行为，又造成了医保基金损失，则一般可以认定为骗保行为。

第四十条

• 定点医药机构通过下列方式骗取医疗保障基金支出的，由医疗保障行政部门责令退回，处骗取金额 2 倍以上 5 倍以下的罚款；责令定点医药机构暂停相关责任部门 6 个月以上 1 年以下涉及医疗保障基金使用的医药服务，直至由医疗保障经办机构解除服务协议；有执业资格的，由有关主管部门依法吊销执业资格：

（一）诱导、协助他人冒名或者虚假就医、购药，提供虚假证明材料，或者串通他人虚开费用单据；

（二）伪造、变造、隐匿、涂改、销毁医学文书、医学证明、会计凭证、电子信息等有关资料；

（三）虚构医药服务项目；

（四）其他骗取医疗保障基金支出的行为。

定点医药机构以骗取医疗保障基金为目的，实施了本条例第三十八条规定行为之一，造成医疗保障基金损失的，按照本条规定处理。

第三节 医保基金安全使用监管体系

2020 年 7 月发布的《指导意见》明确了我国医保基金监管体系的制度框架和思路。2021 年 9 月，国务院办公厅发布《"十四五"全民医疗保障规划》，要求加快健全医保基金监管体制机制，其内容保留了《指导意见》中的监督检查、智能监控、信用管理、综合监管、社会监督五大核心制度，并将举报奖励制度纳入社会监督制度当中。至此，我国医保基金监管体系的制度框架成型。

上述监管体系中，监督检查和智能监控对医院医保管理工作产生了深远的影响，智能监控也是信息化时代医保基金监管的重要手段和技术支撑。以下主要介绍监督检查和智能监控两种监管方式，希望各位医保管理工作者能熟悉监管方式，并能以监管方式和内容约束本院的医保基金使用。

一、 监督检查及依据

监督检查制度是医保局严厉打击欺诈骗保、形成医保监管高压态势的有效措施，目标是实现全覆盖。医保管理部门每年组织开展两次医保基金监督检查工作。第一次为现场检查，以统筹地区医保行政部门为责任主体，对辖区内全部定点医药机构开展一次预先告知的全覆盖现场检查；第二次为随机抽查，以国家和省级医保部门为主，通过飞行检查、明察暗访等方式，开展对医保经办机构和定点医药机构的抽查复查。

飞行检查因具有合法性、直接性、突击性、强制性、客观性、侵益性的特点被广泛应用于医保基金监管，这有利于形成医疗保险反欺诈的威慑力，需要定点医药机构高度重视。《医疗保障基金飞行检查管理暂行办法》完善和规范了飞行检查的相关规程和处理细则。一般而言，飞行检查组由医疗保障行政执法人员和取得本次检查授权的熟悉医保、医疗、医药、财务、信息等的相关专业人员组成，以大数据为支撑，全程执法记录。飞行检查的检查范围根据当年度的医疗保障基金检查工作方案制定。针对定点医药机构，飞行检查范围包括骗保行为、一般违法行为、内部管理不善等问题。例如，《2023 年医疗保障基金飞行检查工作方案》聚焦医保基金使用和管理情况，不仅锁定了重点检查的医药服务范围，而且要求对内控管理、财务管理、药品耗材集中带量采购执行情况、医保基金使用过程中涉及的医疗服务行为和收费行为等展开检查。

在检查药品合理使用和医保支付过程中，检查专家主要依据的是《基本医疗保险用药管理暂行办法》对药品医保支付的规定、最新版医保药品目录规定的医保限定支付范围、药品说明书、临床指南。如果临床指南中的适应症超出了药品说明书范围，则按药品说明书执行；超过医保限定支付范围，但未超药品说明书的情况下使用医保基金支付仍是违规行为。限定医保药品支付范围自 2004 年开始实施，在特定历史条件下对维护医保基金安全、防止药品滥用等发挥了一定作用，但随着药品使用监管能力和水平显著提高，在说明书之外再对药品支付范围进行限定的必要性已大幅降低。2023 年国家医保药品目录新增 126 种药品，调出一种（艾尔巴韦格拉瑞韦片，用于治疗成人慢性丙型肝炎），目录内药品总数增至 3 088 种——西药 1 698 种、中成药 1 390 种，中药饮片 892 种。新版医保目录药品总数增加的同时，存在支付限制的药品总数（607 种）有所减少，与 2022 年国家医保药品目录相比，限制总量减少约 11%。定点医疗机构在进行药品的医保支付管理过程中，要及时关注医保目录的更新情况，及时调整管理范围。

在检查物价收费过程中，检查专家主要依据的是医保三大目录、本地市的物价收费标准及编码。《国家医疗保障局关于做好基本医疗保险医用耗材支付管理有关工作的通知》进一步规范医用耗材医保支付管理，未来将出台更多关于耗材方面的基金监管依据，各医疗机构需及时关注。

医疗服务项目内涵检查主要遵循《全国医疗服务价格项目规范（试行 2001 年版）》《全国医疗服务价格项目规范（2012 年版）》以及医疗机构所在省市的医疗服务项目价格目录中对应的项目内涵。未来在项目内涵检查中，也可能参考《全国医疗服务项目技术规范（2023 年版）》，各医疗机构需根据本地区现行的规范版本执行。

在检查合理诊疗过程中，检查专家主要依据的是《中华人民共和国医师法》《静脉用药调配中心建设与管理指南（试行）》《围手术期患者血液管理指南（2022）》《医疗机构临床实验室管理办法》，以及药品、耗材、医疗器械、医疗服务项目的适应症、禁忌症等，涉及医务、药事、设备耗材管理的方方面面。一方面，医药机构要完善内部管理制度，合理诊疗；另一方面，临床医生和职能部门管理者也要熟悉上述规定，在飞行检查中从容应对，必要时进行申诉。

二、 智能监控

医保基金监管要面对众多的监管对象、庞大的资金量，以及海量的结算数据，过去的人海战术、手工审核、人工监管已不能适应新形势的需要。当前医保基金智能审核和监控是医保部门日常审核结算的必备工具，也是信息化时代医保基金监管的重要手段，更是有效守护好群众"看病钱"的重要技术支撑。试点城市经验表明，智能监控系统反欺诈成效明显，高科技在医保基金监管中发挥了震慑作用。

因此，国家医疗保障局强化顶层设计，将应用信息技术加强医保基金智能监控作为医疗保障改革的重要内容之一。《医疗保障基金智能审核和监控知识库、规则库管理办法（试行）》于2022年3月公开发布国家1.0版"两库"（知识库、规则库），形成全国统一规范的"两库"框架体系，并在医保信息平台智能监管子系统完成部署应用。在此基础上，《国家医疗保障局关于进一步深入推进医疗保障基金智能审核和监控工作的通知》加大了智能审核工作推进力度，强化医疗机构自我管理，实现"源头治理"和全流程监管，要求到2025年底基本建立规范化、科学化、常态化的智能审核和监控体系。上述文件也对医保基金智能审核和监控、知识库和规则库的概念及管理方式进行了阐述，各医药机构要认真学习相关文件，认真配合医保管理部门落实智能审核和监控工作。

智能监控系统帮助医保安全使用管理由事后审核向事前提醒、事中监控延伸，实现事前、事中、事后全流程覆盖。事前违规提醒是将智能监控系统与医院医药服务管理系统（HIS、MIS、LIS、PACS）对接，在不影响医生诊疗行为的基础上，实现医生医嘱、护士计费双提醒，以预防不合理诊疗行为的发生；事中实时监控是在参保人员与医疗机构进行结算时，利用监控系统实时监控违规、异常数据，并通过稽核等方式即时处理；事后单据审核是智能审核系统的核心职能，通过智能审核引擎技术，对定点医疗机构提交的所有费用单据进行100%审核，筛查违规和可疑单据。

智能监控也综合运用了一些新技术手段，提升了监管效率和治理能力，各医药机构可根据实际情况选择内部的监管技术手段。例如，视频云监控实现实时远程查房和场景监控；生物识别技术通过"实时人脸比对分析"和"代配人身份信息上传"，实现对参保人员购药、就医的身份验证；移动监控技术将执法记录仪用于现场执法，实现远程指挥与现场视频执法的协同；或借助App，实现稽核人员在定点医药机构能实时查询医保信息、现场稽核记录、人脸识别实人认证等；大数据分析决策手段通过建立大数据分析系统，开展医保基金运行情况的预测和预警分析。

未来，越来越多的信息化技术会逐步运用到智能监控的"法眼"中，使得医保基金违规使用行为更加无处遁形。因此，定点医药机构应切记摒除违规、骗保的侥幸心理，不断巩固内部医保基金安全使用的监管体系。

三、 监管重点

医疗保障基金监管涉及面广、资金规模大，费用结构相对复杂，监管工作量巨大。因此针对医疗保障基金使用重点领域和监管薄弱环节，《条例》第二十

第二十五条

• 医疗保障行政部门应当根据医疗保障基金风险评估、举报投诉线索、医疗保障数据监控等因素，确定检查重点，组织开展专项检查。

五条要求有重点地进行专项检查、精准检查。确定检查重点主要参考的因素有三：一是根据医疗保障基金风险评估结果确定。医疗保障基金风险评估可以准确判断某个地区、某类型医保基金部分监督管理对象在医保基金使用方面的风险程度，对中高风险部分开展专项检查，实现医疗保障基金的精准监管。二是根据举报投诉线索确定。《欺诈骗取医疗保障基金行为举报奖励暂行办法》进一步畅通了举报线索，明确了监督管理重点，有效提高了监督管理的效率。三是根据医疗保障数据监控确定。充分发挥信息引领作用，发现

医药机构共性多发的违规问题，通过大数据分析，筛查疑点锁定目标，对疑似违规费用推送人工重点审核。

例如，国家医保局2023年开展打击欺诈骗保专项整治工作明确了以下重点：一是聚焦骨科、血液净化、心血管内科、检查检验、康复理疗等重点领域。二是聚焦医药结算费用排名靠前的重点药品、耗材等。三是聚焦虚假就医、医保药品倒卖等重点行为，对异地就医、门诊统筹政策实施后的易发高发违法违规行为专门

第二十七条

- 医疗保障行政部门实施监督检查，可以采取下列措施：
  （一）进入现场检查；
  （二）询问有关人员；
  （三）要求被检查对象提供与检查事项相关的文件资料，并作出解释和说明；
  （四）采取记录、录音、录像、照相或者复制等方式收集有关情况和资料；
  （五）对可能被转移、隐匿或者灭失的资料等予以封存；
  （六）聘请符合条件的会计师事务所等第三方机构和专业人员协助开展检查；
  （七）法律、法规规定的其他措施。

提出工作要求。2023年医保飞行检查首次提出了针对定点零售药店的检查方案，检查重点包括将医保基金不予支付的药品或其他商品串换成医保药品，空刷、盗刷医保凭证，伪造、变造医保药品"进、销、存"票据和账目，伪造处方或参保人员费用清单，为非定点零售药店、中止医保协议期间的定点零售药店或其他机构进行医保费用结算等行为。上述检查工作重点需要定点医药机构格外关注，对照检查重点开展自查自纠工作。

四、 行业自律

医药机构、行业协会等的自律十分重要，与医疗保障基金的安全、有效使用密切相关。《指导意见》鼓励行业协会开展行业规范和自律建设，制定并落实自律公约促进行业规范和自我约束。《条例》鼓励并促进行业自律，而且行业自律并不仅仅是行业协会的事，还包括行业协会的会员单位，甚至包括同行业的非会员单位，都应当加强自律，积极参与其中。

行业协会发挥着政府智库、行业引领、会员纽带的作用：一方面，行业协会要加强对协会会员的规范，实现行业自我管理，通过制定行业规范等方

式，教育引导广大会员进一步增强对医疗保障基金使用监管法治化、现代化治理和医疗保障基金使用常态化监管的意识。另一方面，协会会员要自觉在医疗保障基金使用监管方面接受协会指导管理，做到有令必行、有禁必止。同行业的非会员单位也应当积极参与，加强自律。

现阶段医保基金监管的重点仍是骗保和一些违规收费问题，未来监管重点将逐渐向过度诊疗、DRG（Diagnosis Related Groups，疾病诊断相关分组）／DIP（Diagnosis-Intervention Packet，按病种分值付费）支付下的违规行为方向转移。彼时，无论是智能监管系统的规则设定，还是医疗行为的现场检查，都有赖于行业智库发挥作用。医保基金监管体系的不断完善，也离不开行业协会的建言献计，是医疗体系共同的智慧结晶。

参考文献

［1］郑功成，申曙光.中国医疗保障发展报告：2022：医保基金政策演进、实践效果及优化.北京：社会科学文献出版社，2022.

［2］应亚珍，郝春彭，马迎花，等.中国医疗保障基金监督管理发展报告：2022.北京：社会科学文献出版社，2022.

［3］施子海，王振江.医疗保障基金使用监督管理条例释义.北京：中国民主法制出版社，2021.

［4］郝春彭，谭中和，刘允海.中国医疗保障基金监督管理发展报告：2021.北京：社会科学文献出版社，2021.

第二章

定点医疗机构医保基金安全管理

本章阐述了定点医疗机构的医保基金安全管理组织保障、制度建设、各职能部门（人员）的管理内容，系统梳理了自查自纠工作方法，并展现了医疗机构典型案例存在的问题和管理措施，为定点医疗机构建立健全院内监管制度体系提供参考。

第一节　基本要求

医保基金安全使用管理离不开组织保障和制度规范，《条例》、《医疗机构医疗保障定点管理暂行办法》（以下简称"《定点管理办法》"）和服务协议对定点医疗机构内部的基金监管给出了具体指引。

在组织保障方面，服务协议一般要求：提供住院服务的定点医疗机构应当成立医疗保障管理委员会，由主要负责人负责；医保管理部门应当配置与规模相适应的专职管理人员，其数量需和床位数匹配。无住院床位的医疗机构需要配置至少1名专（兼）职管理人员。[①]

在制度管理方面，服务协议一般要求定点医疗机构管理和提供各类资料、管理和上传进销存台账、保持信息系统畅通等，为医保基金监管打好信

[①] 基本要求主要参考广东省某市医疗保障定点医疗机构服务协议书，其他地区的医疗机构请依据本地医保协议内容。

息基础；配合国家医疗保障信息平台—医疗保障智能监管子系统和本地医保大数据监管及风控系统，及时审核医保结算数据的规范性，并积极开展自查自纠；不得违反《条例》和《定点管理办法》的规定。

第二节　医保基金安全管理体系

在管理实践中，医保基金内部监管涉及临床病案书写、病案编码、医保支付标准、成本管控、服务流程优化、药品和医用耗材管理等多个方面，单纯依赖医保管理部门难以实现院内基金安全管理，需要多部门通力配合，进行综合治理。本节推荐了一种可供参考的多学科诊疗（Multi-disciplinary Treatment，MDT）管理模式，并按职能部门责任划分阐述管理工作内容和方法，希望能为医院管理者带来启发和助益。

MDT 管理模式作为现代医学经过分化后再综合的过程，是医学创新的重点领域。医保基金安全使用管理的 MDT 管理模式，就是由医保基金安全使用链条相关的多个行政职能部门共同围绕医保基金安全使用这个主题，充分发挥多部门联合优势，在综合各职能部门意见的基础上为医院医保基金安全使用制订最佳的管理方案。MDT 管理模式贯穿于医院的整个医保基金监督管理之中，可提升医院精细化管理水平，促进医院医保基金安全、高效、合理使用。

一、院领导重视，提高政治站位

医保基金安全是医疗机构的"一把手"工程，院领导需高度重视，在全院着力打造医保基金安全文化。院党委要从政治高度提升医保基金安全重要性，通过第一议题学习、专题学习医保基金安全，院领导中干会等多方式、多途径，专题传达医保基金安全内容。在宣传过程中，主要强调《条例》对医疗机构的基本要求和违法违规行为的恶劣性质。坚持以人民健康为中心，强调以医疗质量为本，在诊疗活动中做到合理诊疗、合理检查、合理用药、合理收费。准确把握医保基金安全相关最新政策法规，将欺诈骗保、医药购销、常态化监管等医保基金安全使用的政策要求传达至各职能部门及临床专科，打造全院全员参与的医保基金安全文化，最终达到构建院内基金安全文化的目的，提升医保基金安全管理制度协同性。

二、MDT 管理队伍组建

多部门联合开展医保基金内部监管是利用各种有效的方法和手段，沟通、协调内部工作关系的一种具体工作方式。针对医院医保管理中部门之间协调机制运转不畅、无法满足管理活动快速发展需要的现状，建议医疗机构首先成立医保基金监督管理委员会，在医疗保障管理委员会领导下，由医保管理部门牵头成立内部基金监管的 MDT 工作组（见图 2-1），打破科室间的壁垒，形成各职能部门间的管理合力。

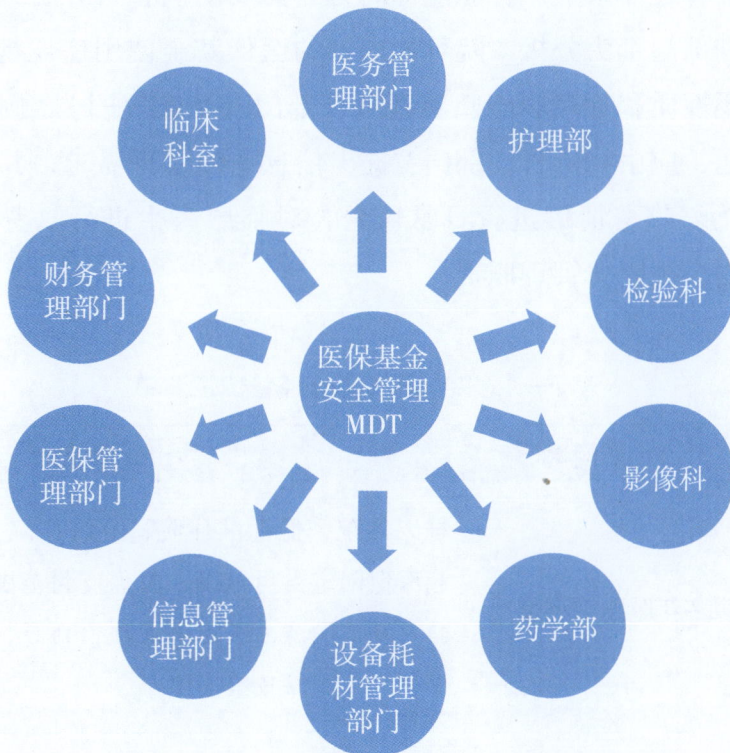

图 2-1　院内医保基金安全管理 MDT 示意图

多部门协同管理需要配套制定医院内部监管工作组制度，包括联合督查制度、联合培训制度，以及医务、物价、信息、物资等相关监督管理制度。

建立完善、顺畅的部门协调、反馈机制，确保医院各职能部门、临床医技科室更好地分工协作。通过建立医保管理部门与临床科室主任日常联系机制，实现临床科室医保费用行为管理及时反馈、科室医保问题及时协调解决，确保各科室理解、支持与配合，提升医保管理成效。

实践中，MDT 管理模式主要适用于床位多于 100 张的定点医疗机构，床位较少或不提供住院服务的定点医疗机构可根据实际情况，由专（兼）职医保管理人员组建基金安全使用监督工作组，临床医生、检验技师、财务人员等共同参与。

第三节　医疗机构管理实施

院科两级管理体系下，各职能部门首先需要明确各自分工，落实责任清单。医保管理部门牵头分析本院可能遇到的医保基金使用违规行为，并将违规行为按问题性质和管理职能归属到分管部门（见表 2-1）。例如重复收费属于物价问题，应由物价管理部门[①]提出信息系统管理需求，并对院内可能发生的各种重复收费情形进行日常监督，对临床医生进行收费项目内涵培训，落实院内合规收费管理职责。

表 2-1　院内医保基金监管责任清单

相关问题	职能部门	具体责任清单
医保支付问题	医保管理部门	挂床住院，低标准住院，分解住院，冒名顶替，超医保限定支付范围、医保支付范围判断，患者自费知情同意，医疗服务项目目录，卫生材料目录，匹配医保政策宣传

[①]　各医院因本院业务需求，可能依据物价、收费、医保、财务管理职能分别设置职能部门，或由财务管理部门统管。本节按物价、收费、医保、财务管理职能分别阐述，医院管理者可根据本院情况将管理职能对应到本院相应职能部门。

（续上表）

相关问题	职能部门	具体责任清单
收费问题	物价管理部门	重复收费、超标准收费、串换项目收费、自定项目收费、结算类型上传差错、科室收费差错、培训收费、项目维护
	物价管理部门、检验科	检验收费组套、项目重叠
医疗护理问题	医务管理部门	病案编码准确性、诊断合理性、审核医疗资质问题
	护理部	护理级别、医疗记录与护理记录冲突
检验、检查问题	检验科、影像科、医务管理部门	过度检验、过度检查
药学问题	药学部	药品目录维护、匹配 集中带量报量、采购、国家谈判药品价格维护及采购 用药安全 药品进销存
设备、耗材问题	设备耗材管理部门	卫生材料收费标准、采购、谈判、购入审批 医用耗材出入库管理，科室二级库、三级库管理 固定资产管理 设备、耗材资质管理
药物临床试验问题	药物临床试验管理部门	GCP涉及的临床试剂、药品、医疗服务项目违规使用医保支付
信息问题	信息管理部门	病案首页、医保记账数据、其他数据上传限制条件系统设置、信息系统与医保系统对接

一、医保部门管理

（一）日常管理制度

建章立制是医院管好医保基金的重要保障。医疗机构要全面贯彻落实《条例》《定点管理办法》等法律法规，结合违法违规典型问题，制定院内《医疗保障基金监督管理办法》。

制定医疗费用管理制度，明确管理方式及标准，实现医疗费用的精细化管理，包括门诊费用和住院费用的合理控制、医保基础数据统计、医保信息新增及维护、医保和病案信息上传等工作制度和流程等。

制定医保服务行为管理办法，明确医保服务要求，实现行为规范化管理，包括实名就医、家属代开药管理、自费告知、外配药品处方管理、转院转诊、出院结算、医保文书签署、各类结算情形工作制度、患者投诉和科室意见反馈处理以及新增医疗服务项目、药品、耗材管理制度等。严格落实患者实名制就医，医务人员和收费窗口工作人员要对持医保卡的就医人员进行身份核对识别，严格人、卡一致性审验。特殊情况需由他人代为取药的，如患者本人由于身体原因不能亲自就医，要对代办人身份信息进行验证，代办人应出示患者所在街道或单位开具的相关证明。

制定院内稽核管理办法，明确院内监管主体及模式，完善自我监管体系，包括病历审核及抽查、迎接医保基金飞行检查和审计检查的工作流程、审计和飞行检查问题整改追踪、考核奖惩制度等。

制定医务人员《共同打击欺诈骗保承诺书》，自觉规范个人行为，发现参保人就医过程中的疑似骗保行为、其他医护人员的疑似骗保行为应及时劝阻，无法劝阻时可以通过举报等形式遏制骗保发生。

（二）医保专项培训

作为医保政策的日常执行者，医务人员对医保政策掌握的时效性、全面性和准确性是医保基金合理使用的基础。如果医务人员对上述各类政策规定掌握不到位，易导致超医保限定支付条件、结算错误、不合理用药、不合理收费等多种违规行为。因此，医保、医务、物价等职能部门要围绕医保基金合理使用主题，定期组织医保政策、物价政策、医疗行业规章法律等联合培训，使医保基金安全意识深入医院各岗各人。

1. 全员培训

针对医保基金内部监管发现的违规问题，通过临床宣教、医保查房、医保临床巡查、重点人员宣教、直播培训等线上线下相结合的方式开展政策宣教；结合医院自查自纠结果，制作并下发医疗服务收费相关课件及医保基金使用常见违规问题汇编，供临床各科室学习。

2. 重点指导，以点带面

充分发挥各临床科室医保质控员的作用，医保质控员除参加培训学习掌握相关政策知识外，还需要掌握一定的违规情形检查技能，以便在病案中发现违规情形时予以及时纠正。

3. 个案分析

医保部门需要具体分析每个临床科室可能发生违规行为的医疗服务项目，带着数据向临床科室逐一讲解，面对面解答临床医护的问题，实现全员全面掌握医保基金安全相关规定。通过全覆盖、高频率宣传及学习医保基金内部监管相关知识，在医院内形成"不敢违规、不能违规、不愿违规"的良好氛围。

（三）医保使用违规责任追究

为保证医院医保基金安全使用，医疗机构医保部门需根据《条例》等，结合医院实际情况，制定本院《医保基金违规使用处理规定》。该规定主要分为两部分：第一部分是严禁行为，包括《条例》所规定的骗保行为、再次出现的过往飞行检查确定的违规行为。如果出现严禁行为，违反法律、行政法规的，由主管部门按规定处理；性质严重者，追究科室党政主要负责人的责任，降级或撤职，并且处以扣罚绩效奖金、罚款等处罚。第二部分是违规行为，包括《条例》列举的各种违规行为，处罚方式包括扣罚绩效奖金、罚款等。上述违规行为由医保行政管理部门、院内相关职能部门认定，必要时提请医疗保障管理委员会确认。当明确违规行为发生后，医保部门需要向信息科提出明确的数据提取要求，将违规处罚落实到科室、个人，并进行通报，引导临床科室树立"红线"意识。

二、医务部门管理

涉及医保基金监管的医务管理内容主要包括合理诊疗、廉洁从医、病案书写规范。医务管理部门的首要职责即严格管理医务人员诊疗行为，从规范医务人员诊疗行为入手进行流线型管理，要求医务人员必须根据患者病情严格执行各项诊疗规范和操作规程，严控出入院指征，根据病情需要合理使用药品、耗材。严禁医务人员开具虚假证明、伪造或变造就诊记录、挂床住院、套用医保备案医师名义申报医药费用等行为，严禁患者分解住院、冒名就医，严禁挂床住院骗取医保基金，并对违法违规行为进行严肃警告和相应处罚。

在廉洁从医方面，医务管理部门需要求全员学习《医疗机构工作人员廉洁从业九项准则》，明确医务人员责任，强化医务人员职业道德，严厉整治行业不正之风和损害社会利益的行为，针对欺诈骗保问题强化医疗机构和医务人员的自律意识。

在病案书写规范方面，临床科室应依据患者实际情况确定诊断，不可高套或低套分值，手术操作应全面、完整、准确记录于病案中，避免因病案记录不全判定为违规收费的情形。

三、药学部门管理

涉及医保基金监管的药事管理内容主要包括药品在医保支付范围内记账，开展处方审查及点评，保障合理使用；定期盘点完善进销存管理。

《基本医疗保险用药管理暂行办法》第二十三条规定，定点医疗机构需要保证医保记账的药品使用是以疾病诊断或治疗为目的，符合病情、药品法定适应症和医保限定支付范围，并进行处方审查。药品法定适应症与医保限定支付范围均有明确依据，可利用信息系统提醒医生判断药品医保支付是否合规。

处方审查需以《处方管理办法》和《医院处方点评管理规范（试行）》等作为点评依据，建立院内处方点评工作机制，将临床适应症和限制性支付条件相结合，促进临床合理用药，避免医保拒付。结算数量较多、涉及金额较大的医保限制性用药、超说明书用药品规可作为重点检查项目。根据处方审查结果，定期公布分解处方、超量开药、重复开药或者提供其他不必要的医药服务违规情形及处理结果。通过对执行不到位的科室进行培训宣讲、以查促改、追踪落实责任主体等方式，进行医保质量监管。

加强药品进销存信息化管理，可参考疫苗管理模式，推进实现药品采购、入库、出库、使用、计费、支付、结算等各个环节的全周期追溯管理。积极开展三级库进销存管理，三级库进销存管理与一级、二级库进销存管理同样重要。此外，每月开展药品盘点，定期进行药品进销存管理的自查、分析，重点关注采购金额/数量（进）与收费金额/数量（销）差异排序靠前的药品，持续改进。加强药品规范收费政策及操作培训，提高管理人员和临床科室的政策掌握和技能操作水平，重点加强临床科室相关人员培训。

四、物价部门管理

物价管理部门在基金监管中责任重大，《条例》列举的违法违规问题半数以上与物价收费相关。近年来医保物价政策不断完善，《定点管理办法》、《关于印发医疗机构内部价格行为管理规定的通知》（国卫财务发〔2019〕64号）等政策法规要求定点医院及其工作人员规范内部管理，按诊疗规范提供合理、必要的医药服务，并向参保人员如实出具费用清单、单据，做好价格公示和患者知情同意，不得违反诊疗规范。因此，物价管理部门应当深入科室，对临床医务人员进行及时有效的培训、指导、督查，并及时更新信息系统设定，避免监管不到位或对物价内涵、价格、收费规则理解不准确等原因导致的医保基金违规使用。

首先，物价管理部门需要在临床科室设置兼职物价员，确保物价收费规范执行。兼职物价员的职责包括：①认真学习医疗收费政策，掌握本科室医疗服务项目，编制本科室开展的医疗服务项目清单；②组织申报本科室拟开展的新增或修订的医疗服务项目，协助测算本科室开展的医疗服务项目成本；③参加医疗收费政策培训，及时在科室内传达和组织培训，指导本科室医疗收费工作；④定期自查本科室医疗收费，搜集本科室有关医疗收费管理工作的意见和建议；⑤协助各级政府部门对本科室开展医疗收费检查；⑥协助处理与本科室相关的收费咨询与投诉。

同时，物价管理部门需要定期召开医保物价管理例会，宣传、解读医保物价政策，根据日常监管发现的问题与科室进行沟通，指导临床和兼职物价员及时掌握收费要点（见表2-2）。医保及价格政策专项培训与指导需深入临床一线，在临床科室组建兼职物价员队伍，加深临床医务人员对医保物价政策的了解，增强其法治观念和责任心，避免政策理解偏差。依据本省医疗服务项目价格政策及收费规则，结合近期国家、省、市关于价格和医保基金监管的规范要求、医保负面清单，编印本院价格管理手册发放科室，方便临床科室准确掌握物价收费政策。

表2-2 物价管理部门培训主要内容

规范收费	注意事项
（1）新增项目申请	（1）必经步骤不能重复收费
（2）错收项目纠正	（2）联合手术和分列手术项目同时存在的，按联合手术项目计价
（3）合规收费的参考依据	（3）病案记录重要性
（4）医疗服务项目价格目录相关说明	（4）收费项目相关资质
（5）多部门审核新增及收费组套	（5）耗材收费
	（6）医嘱模板
	（7）有适用范围、技术要求的项目
	（8）仅独立开展方可收费的项目

其次，物价管理部门需要和信息系统管理密切配合。HIS系统收费库包括医疗服务项目，可收费耗材项目、药品及组套项目。收费差错和疏漏问题具有一定的规律性和普遍性，可以通过系统设置和把关，批量实现在线提醒及差错纠正，减少纠错滞后造成的潜在风险。复杂、特殊、有争议、不符合项目规范和收费政策的问题，可以通过系统软件及时发现、汇总相关问题和数据，判断风险等级，以便及时进行判断、分析和处置。物价管理部门需要核准医疗服务项目、药品、耗材编码及相关信息，对照医保统筹支付比例，确保收费项目规范准确。

收费组套的设定是为了方便临床医务人员，但长期积累的收费组套容易交叉重叠，开单过程中选择多个组套可能出现重复收费违规行为。因此，物价管理部门应在方便临床操作的基础上，加强对组套项目的审核及维护。例如，检验组套项目要审核其注册证及报告模板，确保收费和注册证、出具的报告一致；清理组套中不规范检查检验、诊疗、耗材项目，保留临床必要的最小组套单元，兼顾政策合规和科室需求合理设置组套项目；非必要的组套及时拆解，确保组套间无重叠内容；对于无法避免重叠的，在信息系统设置"对同一项目重复收费时，只扣款一次"的限制，规范收费。

最后，物价管理部门还需深入临床科室，检查收费与仪器设备注册证、使用说明中的实际功能是否一致，检查项目是否按要求出具报告并与收费保持一致，临床试验的检验、检查、药品、耗材收费是否被医保记账，实现全院相同设备（仪器）收费同质化管理，并固化各专科收费项目及耗材收费项目，避免错收误收。实地盘点临床耗材数量品规，通过扫码收费、系统限制等管控手段，确保耗材领用与实际收费一致。

五、护理部门管理

涉及医保基金监管的护理管理内容主要包括护理级别合理收费、护理记录完整、配合护理项目收费管理。2023 年 8 月，国家卫生健康委发布了新的《护理分级标准》，对患者护理分级进行了明确规定。该标准可能成为未来分级护理基金监管的重要依据，因此定点医疗机构的护理管理部门需要按照最新的护理分级标准严格规范护理级别收费，进行相应护理记录，对临床护士尤其是负责科室内计费的护士进行培训。此外，护理管理部门还需配合物价管理部门开展护理项目收费内涵、收费要求培训，规范护理项目收费；配合医务管理部门定期检查病案中是否存在医疗记录与护理记录冲突的情况。

六、设备耗材部门管理

涉及医保基金监管的设备管理内容主要是《大型医用设备配置与使用管理办法》《放射诊疗管理规定》要求的管理内容。《大型医用设备配置与使用管理办法》第十四条规定，医疗机构获得大型医用设备配置许可证后，方可购置大型医用设备。《放射诊疗管理规定》第四条规定，医疗机构开展放射诊疗工作，应当具备与其开展的放射诊疗工作相适应的条件，经所在地县级以上地方卫生行政部门的放射诊疗技术和医用辐射机构许可。设备管理部门需要及时维护医疗器械三证（医疗器械注册证、医疗器械生产许可证、医疗器械经营许可证）信息，并确保院内设备使用符合《大型医用设备配置与使用管理办法》《放射诊疗管理规定》。

涉及医保基金监管的耗材管理内容主要是进销存管理和合理使用。进销存管理是医院内部控制工作的重要内容之一，也是医院财务管理和资产管理的基础。《指导意见》（国办发〔2020〕20号）要求开展药品、医用耗材进销存实时管理。《国家医保局 国家卫生健康委关于开展医保定点医疗机构规范使用医保基金行为专项治理工作的通知》（医保函〔2020〕9号）要求医疗机构加强医保办公室能力建设，规范药品及耗材进销存管理和财务管理，主动适应医保基金监管工作需要。在医保行政部门公开的医保智能监管系统中，进销存数据接口规则明确，定点医疗机构按时接入即可开展进销存管理。

（一）构建医用耗材管理的多部门协作机制

耗材品规多、数量多、用量大、使用对象遍布全院各个临床科室，医院需要建立医保、财务、设备、医务、护理、纪检等多部门合作的定期耗材管理工作机制，每月进行材料收费抽查，做好医用耗材使用及收费的动态调整与监督工作，实行齐抓共管一盘棋管理。

（二）加强耗材规范收费政策及操作培训

加强耗材收费相关政策的培训和耗材使用人员专业化培训，巩固制度学习效果，提高相关人员及临床科室政策掌握水平及业务水平，尤其对于打包耗材、套包耗材以及收费情况重点加强临床培训，完善二级库房院科两级管理及仓库盘点清存制度，规范耗材收费行为。及时调整更新医嘱配套收费耗材信息，制定医嘱配套收费耗材更换核对流程，及时更新医嘱配套收费耗材信息，避免收费与使用不一致。

（三）完善信息系统建设，推进智能化管理

在采购、入库、出库领用、临床使用、计费、支付、结算等各环节，推进全程扫码流转，实现可单独收费耗材临床使用、收费可追溯。同步医用耗材出库与收费数据统计口径。实时分析对比出库及收费数据，进一步提升耗材精细化及智慧化管理。建立临床科室医用耗材领用与收费智能拦截机制，打通医用耗材采购及收费系统，以领用量为收费上限，结合临床实际用法和疾病情况，在系统限制"有领用，有收费"，实施智能拦截多收费。医保行政部门公开的医保智能监管系统中，进销存数据接口规则明确，定点医疗机构需按要求接入开展进销存管理。

医院耗材进销存数据量庞大，信息实时变动，给管理带来了较大的困难，信息化技术手段可以辅助进销存管理，确保全流程可追溯。规模较大的定点医疗机构可以采用 SPD（Supply—供应，Processing—分拣，Distribution—配送）管理模式，实行"一耗材一条码"规范耗材管理，实现医用耗材在供应、分拣、配送等环节的一体化、精细化管理。坚持落实对应与匹配，即建立医用耗材与医疗服务项目的对应规则，耗材费用的收取必须匹配相对应的医疗服务，避免医用耗材重复收费、串换项目收费问题发生。规模较小的定点医疗机构可以建立"医院—临床科室"二级库，并为高值医用耗材粘贴唯一识别的电子标签（Radio Frequency Identification，RFID），辅以库存盘点信息系统，开展耗材使用规范化管理，避免上述违规情形发生。

（四）加强耗材合理使用管控

耗材的不合理使用包括违反禁忌症使用耗材和过度使用耗材。除明确约束临床医生合理使用耗材以外，还可以使用上述进销存管理数据统计用量大的耗材，筛选出疑似违规情形，结合病案信息、临床指南进一步判断是否存在不合理使用情形。

（五）关注重点部门的重点耗材

对于心内科、骨科、血液透析、神经介入等重点部门，医院年采购量大、单价高，《第一批国家高值医用耗材重点治理清单》《2022 年医保结算费用排名靠前重点药品耗材》等重点耗材定期进行分析。

七、药物临床试验部门管理

在医保基金监管中，药物临床试验管理部门需按照《药物临床试验质量管理规范》（Good Clinical Practice，GCP）的要求，规范药物临床试验相关费用的支付，避免误用医保基金。开展 GCP 的临床科室需定期开展违规使用医保基金自查，主要包括：①核对是否为协议和知情同意书规定应由申办者支付的项目（包含检查检验、药品、材料等）；②与临床试验有关的不良事件对症治疗所产生的医疗费用，是否使用医保记账；③已使用医保记账的部分，是否在临床试验中重复报销；④研究者是否按要求递交住院受试者的"临床试验费用出院结账支出明细单"及"本市社会医疗保险参保人员临床试验信息备案表"至医保处备案。医保管理部门和药物临床试验管理部门定期对开展 GCP 的临床科室实施督导检查。

八、信息部门管理

信息管理部门在医保基金内部监管中需要使用全流程监管信息化手段，实时智能审核医保基金使用数据，提高医保精细化管理水平。

全流程监管包括但不限于：对合理诊疗、合理用药、病案质控、物价收费、物资管理、医保凭证审核、医保限定支付条件等医保基金监管相关业务流程实施信息化改造，提高工作效率，避免人工操作失误。

依据政策开发出的系统拦截功能可实现信息化纠错。例如，对违反政策的提前开药、超量开药、不合理用药弹窗提示；对重复医嘱进行拦截并智能核减多计费的项目；自动识别住院收费中的按日、小时项目多计费医嘱，并实施出院前拦截。实践中，可由医保管理部门提出需求，信息管理部门可在 HIS 系统中设置限制级、互斥级、提醒级条件，完善智能审核系统。

建立医保药品目录知识库。根据最新版国家医保药品目录的药品编码、药品分类、药品医保目录类别、剂型及医保限制性用药支付条件，建立医保药品目录知识库，嵌入医院 HIS 医嘱管理系统，同时导入临床规范诊疗知识库、药学知识库。医生在开具使用药品时，可以在药品医嘱下方详细查看、了解药品报销属性、医保限制性用药支付条件、药品说明书及相关使用禁忌证，将复杂的政策条文明确化、清晰化、可视化。

进行医保限制性用药知识库提醒。在"一药一编码"的管理模式下，实现医保限制性用药可选择自费或按医保报销两种结算模式。医院在医保药品目录知识库的基础上可增加医保限制性用药弹窗模式。医生在开具医保限制性用药时，系统弹出对话框提示医保限制性用药支付条件，供医生根据支付条件选择限制性用药结算类别。事中弹窗提醒贯穿全过程，及时高效。符合医保支付条件的选择医保报销，并且需有明确的依据经得起医保智能审核、经得起临床专家复核，这些依据包括病案首页、病程记录、检验结果、检查结果、量表等。不符合医保支付条件的勾选自费使用，医生及时向患者做自费知情告知，减少医患矛盾。针对弹窗提示的医保限制性用药，设置医保限制性用药数据集成库，在事后管理环节中单独导出医保限制性用药的使用情况。

此外，开发物流管理系统，实现高值耗材线上管理；建立病案质量质控系统，实时质控运行和终末病历；应用合理用药软件对药品处方逐一审核，高效精准；依托医保电子凭证接口改造，开发门诊接诊人脸识别程序和代开药系统登记程序，防范患者因素引起的医保基金使用风险等，都是全流程信息系统管理不可或缺的部分。当院内开展医保基金违规使用自查自纠时，信息管理部门需要配合医保管理部门拟定统计口径，对费用信息进行异常数据筛查，此部分工作将在第四节展开阐述。

九、临床科室管理

临床科室在医保基金内部监管中的主要工作包括宣传培训、配合政策落实、压实管理责任等。职能部门的各项管理制度，最终都需要经过临床科室传达、落实到每一位医生、护士。特别是《关于加强定点医药机构相关人员医保支付资格管理的指导意见（征求意见稿）》发布之后，临床医务人员更要理解医院内部医保基金监管的各项制度并非为临床医疗服务行为设置阻碍，而是为保障合理诊疗、合理收费、合规医保记账，最终保护医保医师、医保护士的权益。因此，临床科室要配合物价、医保管理部门设置科室内收费管理员、医保质控员，负责日常合理收费、合规医保记账的审核。加强科室内部宣传培训，转变临床医护人员思想，确保培训内容传达至每一位医务人员，促使其树立自觉维护医保基金安全的观念。配合医务管理部门，定期检查科室内诊疗行为是否合理、是否存在 DRG/DIP 支付下的违规行为。压实科主任、党政干部管理职责，如出现违规行为则追究连带责任。

十、检验科管理

涉及医保基金监管的检验管理内容主要包括过度检验控制、检验收费组套管理、配合物价管理部门合理收费、配合设备管理部门管理设备、试剂资质。

过度检验一方面是医保基金监管的重点检查内容，另一方面也是在 DRG/DIP、门诊按人头支付方式改革下医院成本控制的核心问题。医务管理部门从临床角度控制过度检验行为的同时，检验科也要从检验项目的时效性、必要性、不同检验方法的特点等角度，结合近些年飞行检查负面清单中的过度检验违规情形，培训临床科室，避免不必要的检验、检验升级、检验频次超标等问题。

检验收费组套管理过程中，检验科和临床科室需要共同论证收费的最小组套，避免出现过度检验、重复收费、超标准收费。在执行检查项目的时候，也要复核检验设备资质、试剂资质、检验方法、加收项目与实际操作项目是否一致，避免串换、超标准、重复收费等违规情形。

十一、影像科管理

涉及医保基金监管的影像管理内容主要包括过度检查控制、检查收费组套管理、配合物价管理部门合理收费、配合设备管理部门管理设备资质。

过度检查同样是医保基金监管和医院成本控制的核心问题。医务管理部门从临床角度控制过度检查行为的同时，影像科也要从各个影像检查方法的特性、在疾病诊断领域的长处和不足等角度，培训临床科室，避免检查升级、做不必要的检查、检查间隔时间短等问题。

检查收费组套管理过程中，影像科和临床科室需要共同论证收费的最小组套，避免出现搭配的影像检查与患者的年龄、性别、病情并不直接相关。

在执行检查项目的时候，也要复核影像设备名称、性能型号、三证，加收项目、操作项目与收费项目是否一致，避免串换、超标准、重复收费等违规情形。

十二、紧密型医联体、医疗集团的医保基金监管

定点医疗机构如果处于紧密型医联体、医疗集团的核心地位，则需要承担紧密型医联体、医疗集团内其他医疗机构的医保基金监管工作。查处违规以及骗保行为如果仅仅依靠常规审核手段难以及时发现，核心医疗机构的医保管理部门必须借助信息化手段，提高数据整合和处理能力，加强对医疗费用、医疗服务行为的监管和审查。

由于相关文献较少，本书以深圳市某医疗集团为例讲解医保基金监管督查制度与信息软件。该医疗集团包括 1 家综合性三级医院（核心医疗机构）和 40 余家社区卫生服务中心，通过事前干预、事中监控和事后分析的全程智能审核，初步实现医保基金的有效监管。核心医疗机构的信息管理部门上线了社康中心医保综合管理平台，并在每家基层医疗服务中心同时上线客户端；医保管理部门设置了巡查制度，每周根据信息系统监控数据巡查 3～5 家基层医疗服务中心的医保基金监管工作。

在社区卫生服务中心的事前管理阶段，信息系统构建了涵盖医保三大目录、物价收费规则的基础知识库，完善了医保审核规则库，智能审核疑似违规收费、医保限制性支付、自费药品，对骗保行为进行预警，对药品适应症进行限制。在事中管理阶段，信息系统每日夜间自动审核前一天患者的医疗费用，并向社区卫生服务中心主管发送报告，主管对异常费用进行及时督导管理。在事后管理阶段，信息系统会提供多维度的医保核查统计分析报表。核心医疗机构统计分析报表可链接到各社区卫生服务中心、门诊医生、门诊收费员、患者等多个管理维度。核心医疗机构的医保管理部门专职人员通过查阅医保核查统计分析报表，对社区卫生服务中心的常见问题开展针对性培训和纠察工作，大幅提升工作效率。

第四节　医疗机构自查自纠方法

虽然医保基金安全相关法律法规有明确要求，定点医疗机构应持续规范医保基金安全管理，但骗保、违规情形仍然时有发生，未能杜绝。实际工作中，定点医疗机构需不断优化现场检查和非现场检查相结合的方式，对医保基金合理使用情况进行检查。本节以控制论为导向，分别阐述自查自纠方案设计和执行方法。为方便医院管理者从医疗服务角度出发理解常见的违法违规行为，本节还附有相关思维导图（见章末附录）。

一、自查自纠启动

医保基金安全使用的自查自纠，既是医保行政部门和协议管理对定点医疗机构的管理要求，也是医院内部重要的风险防控措施之一。专项自查开始时，"一把手"院长亲自主抓，分管医保工作的副院长具体牵头职能处室组成专项整治小组，选拔建立科室医保质控员队伍，形成院科两级医保管理体系。医保管理部门需首先牵头制定《多部门联合开展医保基金监督管理专项检查工作方案》，明确院领导、各职能处室、医保质控员的相关职责，并制定医保内部监管 PDCA 工作流程和时间计划。通过 PDCA 循环，形成常态化自查自纠工作流程，自觉维护基金安全。

计划（P）：动态维护内部监管重点医疗服务项目，制订医保内部监管工作计划，定期组织自查。

实施（D）：依据内部监管重点项目设定的信息提取规则，在 HIS 系统中进行结算数据筛查，提取结算异常数据，数据可精准对应至科室、医师、医嘱开立时间、结算时间。按照联席工作机制，职能部门分工协作对异常数据开展自查，必要时组织临床科室共同参与，包括后台数据分析病案检查、现场检查等方式，通过自查确定不合理问题。

检查（C）：对发现的不合理问题采用头脑风暴、访谈调查方法，追踪流程，结构化分析问题产生的原因。

处理（A）：通过自查以及问题原因分析，医疗机构从医保政策宣传、执行落实、信息化监管、院内流程优化等多个方面落实整改，形成闭环。

二、现场检查路径

现场检查路径，即根据医院现有管理规范开展现场检查，发现违法违规行为线索，或复核数据导出的疑似违规行为（见"四、数据检查路径"）。由于管理规范众多，可按照医技项目、临床诊疗项目和药品（包括 DRG/DIP 支付下的违规行为）、财务进行分类，由这三类项目的管理人员组成临时检查小组共同开展现场检查。

在现场检查开始之前，临时检查小组的负责人需要对组员进行培训，以便规范化、标准化开展现场检查工作。培训内容包括现场检查的工作流程、具体安排、检查方法和内容，骗保、违规情形判定标准，相关医保支付、物价收费、合理诊疗相关法律法规等。

（一）工作流程和方法

在现场检查过程中，首先，可以通过数据分析发现疑点，如大量开展的检验检查项目、进销存不符的药品耗材等；其次，对疑点较多的重点科室展开现场检查（包括资料审查、实地查验），寻找违规问题线索，针对疑似违规问题进一步从病案、进销存、财务、药品耗材说明书等信息来源进行复核。其间定时汇总，允许涉及人员申辩，注意证据留存。确认医保基金违规使用线索后，提炼形成违规问题数据提取规则，信息人员跟进提取该违规问题在全院涉及的数量和金额信息，并进行汇总报告。现场检查工作流程可以参考图 2-2。

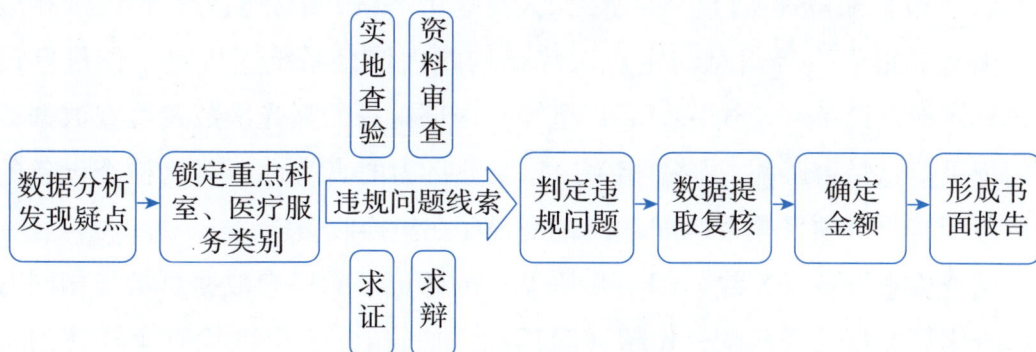

图 2-2　现场检查工作流程

实地查验和资料审查的方法主要为抽样检查法。从方法学角度出发，抽样方法主要分为随机抽样方法和非随机抽样方法。由于抽样前已经通过管理经验判断或数据分析发现了疑点，各临床科室或各类医药服务项目因疑点数量差异而呈现的违规风险不同，故而推荐非随机抽样方法。针对违规风险高的临床科室、工作流程、医疗服务、药品或医用耗材，采用判断抽样或滚雪球抽样方式进行抽样检查。判断抽样也称为选择性抽样，是指基于调查人员的经验知识，依据对总体相关特征的了解，抽取有代表性的典型样本。滚雪球抽样是指以类似滚雪球的方法，通过分析确定违规的少量样本，再逐步通过这些样本的特征提取大量样本进行检查。抽查过程中如果发现违规情形，则需要进一步对所有可能发生同类违规的资料进行普查。无论以何种抽样方法开展工作，检查组都应该在启动现场检查工作前制定相互无交叉的具体检查路径和内容，便于规范化执行检查任务。

（二）检查内容

1. 医技项目现场检查

医技工作组重点核查是否存在检验项目、大型医疗仪器的使用和收费问题，以及相关项目与上传医保项目是否匹配，涉及的耗材管理是否规范等问题，一般包括：

（1）大型医疗设备。核查大型检查设备注册情况，核查是否需要按照当地政策规定向医保管理部门申请核增。核查门诊治疗科室检查治疗设备使用范围与收费项目是否匹配，如不匹配可能存在串换收费。

（2）检验和检查项目。对比参保人员病历资料上记载的诊疗情况及相应检查单据（报告）等信息与定点医疗机构院内信息系统、科室工作量登记本、具体检查设备（X线、CT、B超等）内部记录的曝光次数及检查数据等使用记录信息是否匹配，核查相关诊疗服务行为的真实性；对比检查设备的使用范围与收费项目是否匹配，核查是否存在串换收费。

核查检查设备（X线、CT、B超等）内部记录的检查数据总量与相同时段检查结算数据是否匹配；B超（腹部和心血管）、心电图检查单描述的检查内容与收费项目、数量是否一致；CT、MR、PET收费是否符合要求，材料加收是否符合要求；检验项目（检验仪器、试剂）与上传医保的项目是否匹配（重点核对计算法、手工法）。

（3）检验试剂。核查检验试剂注册证与收费是否一致、检验试剂使用是否在有效期内、检验材料的进销存是否相符，必要时请财务人员协助核实记账凭证。

（4）医用耗材。核查高值耗材使用是否符合有关规定；高值耗材是否获批，如省市直参保患者单项高值耗材≥1万元，有无备案审批表。重点检查一次性高值耗材是否重复使用、高值耗材使用合理性。

（5）临床科室使用情况。核实耗材实际购进、使用情况是否与收费数量一致，是否存在串换项目收费、虚构医疗服务项目等行为。如口腔科重点核实树脂等耗材，胃肠镜室重点核实收费项目、材料加收等是否符合要求，同步检查是否出现串换耗材情况。

2. 临床诊疗项目和药品现场检查

对于临床医生、护士、药师，重点核查无资质开展项目、过度诊疗、违规收费、挂床住院等问题，以及门诊患者异常就医等问题。实践中可采取前往病房、手术室实地查看存疑病历，对医务人员进行调查询问等方式核实。一般具体核实下列问题：

（1）核查证照及诊疗科目与实际诊疗情况是否相符。

（2）参保人员资格审查。就诊患者人证相符，是医保的基础管理内容，工作中可能出现部分医务人员主观协助冒名顶替或者因工作疏忽导致身份未核实的现象。检查工作包括定期抽查就诊患者人证是否相符，检查有无套用他人医保待遇，尤其需要重点检查公费医疗资格是否被冒名使用。门诊特定病种的人证核对需要抽查不少于100份[①]门诊特定病种医保待遇申请表，检查是否符合申请条件，以及申请表内容的完整性。针对门诊特定病种中的恶性肿瘤患者，抽查不少于100例中药门特申请患者，重点抽查每年是否有按规定使用放化疗。

（3）项目基础信息匹配。于所在省医保服务平台中由定点医疗机构、定点药店登录的单位网抽取耗材、药品、服务项目各不少于100项，检查匹配

[①]　由于违规使用医保基金数量在全部医保基金使用中占比较低，建议此处根据检查时间安排，抽查不少于100份资料，下同。

的准确性。

（4）新医疗技术。检查医疗技术开展是否合规。

（5）外购药品和检验检查项目。定点医疗机构需要制定《外购药物目录》《医院外购药物管理制度》《自备药品使用管理规定》和《使用外购药物知情同意书》。现场检查外购药品使用有无签订知情同意书，是否在医嘱中记录，有无签署外购药品核查表和患者使用外购药品告知函。必要时请财务组协助核查记账凭证，核实是否存在利益输送。

（6）自费知情同意书。检查自费项目、药品使用是否签署知情同意书。

（7）护理问题。核查一级护理出院是否合理，护理记录与病程记录是否一致。

（8）药物临床试验。核查是否存在将药物临床试验、科研经费支付的医疗服务转由医保基金支付，或使用上述经费购买的设备提供医疗服务并向参保人员收费，尤其需要关注 GCP 试剂。

（9）药品问题。核查存疑病历的用药合理性，是否存在超说明书范围用药；出院带药是否超过当地医保限定数量。

（10）重点科室、重点项目。核实中医、康复医疗专业人员资质情况；核实各有关科室所使用的中医、康复设备开展的诊疗项目与上传医保的项目是否匹配；核实有治疗时间要求且使用数量异常偏高的治疗项目，人员、设备数量能否与治疗项目数量相匹配，是否存在虚报。

（11）挂床住院问题。不定时抽查住院患者的在院情况，重点关注节假日、晚上 10 点至早上 8 点时间段、本院职工及家属。

3. DRG/DIP 支付下的违规行为现场检查

DRG/DIP 支付方式改变了以往按项目付费的支付方式，新的违规情形也随之产生。这些违规情形主要包括高套分值、编码低套、低标准入院（见"四、数据检查路径"）、缩减必要诊疗服务（如 DRG/DIP 支付方式实施的同时，门诊医保支付缺乏控费措施，医疗机构也可能发生住院费用转嫁为门诊费用的违规情形）等。虽然上述违规情形并未在《条例》中出现，但医保智能监管、飞行检查均未放过这些违规行为，并且随着监管能力的提升，即便是隐蔽的 DRG/DIP 违规行为也将无处遁形，因此医疗机构要杜绝侥幸心理，提高重视程度和内部监管水平。

（1）高套分值。

医疗机构在医保支付方式改革过程中，为追求经济利益而产生"自利性"动机，可能导致其行为逻辑偏离合理性行为表现。编码套高行为是DRG/DIP支付下最典型的异化行为表现，也是医保基金使用监管的重难点。高套分值是指医疗机构通过调整主诊断、虚增诊断、虚增手术等方式使病案进入费用更高分组，是在DRG/DIP支付下常见的违规行为。主要表现为诊断升级、故意虚增手术或治疗操作、医疗机构特有操作独立成组。高套分值的审核重点是诊断与操作之间的逻辑关系，尤其是主要操作无对应诊断或主要操作与诊断不符。应对操作对应的费用、用药情况进行综合分析，对疑点病案引入专家论证评判。

①诊断升级：临床医生在病案书写上提高病人的疾病严重程度；临床医生对主要诊断选择理解不清，非主观故意错误选择主要诊断；临床医生或者编码人员在病案首页或者医保结算清单主观故意升级调整主要诊断编码；临床医生或者编码人员在病案首页或者医保结算清单故意虚增次要诊断编码。自查过程中，医保管理部门可利用同一疾病诊断中不同治疗方式的资源消耗程度进行纵向数据、横向均值的偏离情况对比。重点关注病例数同比增长30%以上的病例，手术收费4个及以上的病例，整形外科周末手术病例，主诊断为"肺炎，其他的，病原体未特指的"（ICD编码J18.800）、细菌性肺炎、脊柱不稳定性疾患（ICD编码M53.200）的病例。根据导出数据情况，结合病例标准分、盈余金额，兼顾不同科室及主刀手术医生等进一步筛选。

②故意虚增手术或治疗操作：临床医生在病案书写上虚增疾病的手术或治疗操作；临床医生或者编码人员在病案首页或者医保结算清单虚增手术或治疗操作编码。主要包括无手术或治疗操作，通过虚增使得增加手术或治疗操作；有单个手术或治疗操作，通过虚增变成多个手术或治疗操作。自查过程中，医保管理部门可从DRG/DIP分值较高的病例中抽检，检查手术或操作编码与病案记录是否相符。

③医疗机构特有操作独立成组：为获得更大利益，医疗机构容易出现人为调整治疗方式、改变病例入组结果而导致术式升级的现象。部分医疗机构

存在与诊断不匹配的特有术式或操作，或编入错误术式，从而实现独立成组，出现高套分值违规行为。自查过程中，医保管理部门可以通过提取 DIP 分组中的独有术式、提取使用频率低的操作代码、医疗机构使用集中的操作代码等方式，筛选疑点数据。

（2）编码低套。

编码低套是指医疗机构因诊断漏填、主诊断选择错误、手术漏填、主手术选择错误等问题导致病例进入较低费用组别的情况。主要表现为诊断低套和减少手术或治疗操作。以某市的医保支付政策为例，病组内高倍率（偏差系数超过 2.5 倍）病例采用 80% 的分值进行结算，部分医疗机构存在少编或错编编码，使病例入错组别，实际低套组别，使得结算分值过高，医疗机构获得更多医保支付的现象。自查过程中，医保管理部门需首先测算医疗机构预盈利病组，对病组内高倍率病例集中出现的疑点数据，抽取病案及收费数据进行专家审核。

①诊断低套：临床医生对主要诊断选择理解不清，非主观故意错误选择主要诊断；编码人员对编码工作不熟悉、理解不深或者因工作疏忽导致主要诊断编码错误；基于偏差病例计算，临床医生或者编码人员在病案首页或者医保结算清单主观故意降低主要诊断编码，以获得更高的实际分值，进而获得更多的支付补偿。

②减少手术或治疗操作：临床医生因个人疏忽或非主观故意导致手术操作漏填写；基于偏差病例计算，临床医生或者编码人员在病案首页或者医保结算清单主观故意减少手术操作编码的填写，以获得更高的实际分值，进而获得更多的支付补偿。

（3）费用转嫁。

按 DRG/DIP 付费后，部分医疗机构存在通过费用转嫁行为获得更多医保支付，从患者和医保基金处获取额外费用补偿的情况。常见的费用转嫁形式包括向门诊和自费部分转嫁，主要表现为将住院费用转移到门诊，造成参保人自费比例上升和医保基金超额支付等。自查过程中，应重点关注患者住院前数日、出院后数日内的门诊费用，也要关注患者住院期间产生门诊费用的不合理现象。

4. 财务现场检查

财务人员可重点从财务角度核查进销存、收入支出、新技术收费、科研经费等。

（1）核查可疑药品、耗材（含低值耗材）进销存、出入货账单、凭证、发票，核查医疗机构支出数据与所采购药品、高值耗材的金额是否真实。从结算数据上筛选使用量排前和金额排前的品种，并结合疑似虚假、低标住院病历上的药品、耗材使用情况，与定点医疗机构药品、耗材进销存情况进行对比分析，核查是否存在购进量与使用量不吻合等不合理情况。必要时对医药公司进行延伸核查，请财务组协助核实记账凭证。

（2）检查定点医疗机构项目性收入和支出，如科研项目、捐赠项目、营销项目等。

（3）新技术收费问题：《国家医疗保障局办公室关于进一步做好医疗服务价格管理工作的通知》（医保办发〔2022〕16号）和各地的医保支付方案中均有关于新增价格项目受理审核规定，定点医疗机构要根据这些规定提交审批申请和医保申请。在自查工作中，要检查新技术审批、收费项目申请，如果没有申请新收费项目，直接套用其他项目收费则为串换项目收费。

（4）财务协议：是否存在承包科室、设备投放、利益输送（特别是与疑似外购药药店资金往来排查）等；排查是否制定住院人次数量与绩效奖金直接挂钩的绩效分配制度；排查是否有向患者减免、回退起付线以下的金额。

（5）临床试验：协助排查临床试验经费、科研经费使用情况，临床诊疗各类仪器购买时间、购买合同。

（6）收费处（出入院处）：核查是否存在聚敛盗刷、冒名就医等行为。

三、进销存检查路径

被检医疗机构接到医保基金监督检查要求后，需按规定及时、完整、真实报送材料。启动阶段中，监督检查工作组分析被检医疗机构进销存数据（见图2-3），根据进销存不符情况，分为违法违规使用医保基金问题和进销存台账管理问题两类。针对进销存台账问题，敦促医疗机构台账管理部门整改；违规使用医保基金涉及的耗材和药品名目、编码、数量等，转交违规问题导向的数据抓取技术路径处理。

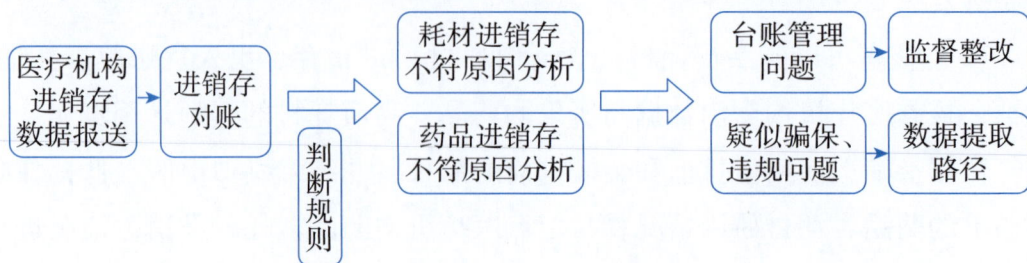

图 2-3 进销存数据分析路径

（一）药品进销存管理

药品进销存是指医院管理过程中药品采购（进）—入库（存）—销售（销）的动态管理过程。药品进销存检查需要对医疗机构药品一、二、三级库的进货—销货—存货进行对账，对账内容包括入库汇总明细表、出库汇总明细表、期初/期末库存汇总明细表等。

实际检查中，常直接提取采购金额/数量（进）与收费金额/数量（销）差异排序靠前的药品清单，医疗机构分析说明情况；抽查部分重点科室（影像科、儿科、静脉用药调配中心等）的药品进销存账目，查看药品进销存数据。

进销存对账不仅可以发现进—销—存环节中的问题，而且能让一些重复收费、超标准收费、串换项目收费、超医保支付范围记账的收费问题浮出水面。因此，进销存不符存在两类问题，第一类是骗保、一般违规问题等违法违规使用医保基金问题，第二类是进销存台账管理问题。

1. 违法违规使用医保基金问题

（1）收费金额/数量大于出库金额/数量：

① 手工计费时出现错记、虚记，导致重复收费、超标准收费。

② 药品调配过程中多人使用一支药品，常见于注射剂型和部分单剂量雾化剂型药品。

③ 诊疗过程中患者已缴费但未取药。

④ 医生开具处方/医嘱时选择了错误的发药地点，导致重复收费。

⑤ 药品分剂量调配后依然按照整片、整颗、整包收费，常见于口服药品。

（2）收费金额/数量与出库金额/数量不等的其他情况：

二级库或三级库药品管理过程中由于退药管理不当、频繁更换生产厂家、一品多规易混淆等因素导致药品代码登记错误，发生串换药品收费。

2. 进销存台账管理问题

（1）收费金额/数量大于出库金额/数量。

药品价格调整，科室在药品低价时领回的药品存留到高价阶段使用并合规收费。

（2）收费金额/数量小于出库金额/数量。

① 药品调配人员误操作、药品有效期管理、机器故障、院内运输不当等各种原因导致的药品报废。

② 药品价格调整，科室在药品高价时领回的药品存留到低价阶段使用并合规收费。

③ 药品已调剂发放但未向患者收费。

④ 二级库的药品周转率低，或三级库存放的未使用药品金额/数量较大。

（3）收费金额/数量与出库金额/数量不等的其他情况。

打包收费的药品更换品牌或者价格变动时未及时调整。

（二）医用耗材进销存管理

医用耗材进销存管理是指医疗机构对医用耗材的购销链，包含采购（进）、入库（存）、收费（销）的动态管理过程。医疗机构医用耗材购销链是一个持续动态的过程。期初库存及期末库存除医院中心库房有盘点记录外，尚有部分存于临床科室无法盘点获取数据。医保检查提取的数据期限一般为 2 年，涉及的医用耗材采购数据量大，基于期初库存与期末库存的差异对进销存管理的影响较小。在一定时期内，医用耗材进销存是否一致的判断公式为：期初库存+期间入库（采购−退货+盘盈−盘亏）＝收费+期末库存。在实际检查中，如果收费（销）与采购（进）的差异过大，则需要医疗机构针对这一差异作出说明。

许多原因可能造成医疗机构医用耗材进销存不符，无论是在数量、品规还是收费上均存在违规或管理不规范情况。这同样可以分为两类问题，第一类是骗保、一般违规问题等违法违规使用医保基金问题，第二类是进销存台账管理问题。

1. 违法违规使用医保基金问题

收费金额及数量大于采购金额及数量：

① 重复收费。不同部门及不同工作人员同时计费导致多收费。

② 串换收费。临床科室在使用同品牌、同价格、型号相近的耗材时计费出错，存在收 A 耗材用 B 耗材的情况。

③ 对同一支耗材重复计费。对共同使用一支耗材的多人单独收费。

2. 进销存台账管理问题

（1）收费金额及数量大于采购金额及数量。

① 打包收费的耗材更换品牌时未及时调整。为方便临床收费，医疗机构对固定搭配使用的耗材与医嘱进行打包，当打包包含的耗材由于产能不足等原因更换品牌，而收费部门未及时同步调整，会导致收费金额及数量大于采购金额及数量。

② 先使用后结算或跨月出院形成计费时间差。例如，口腔科提前定制时预收费，之后使用时再办理出入库。医生按照病情，与患者协商同意后选定某种耗材。对该耗材预收费后将材料送至加工厂，加工厂定时（通常在收费 3~5 个月后）来院办理出库结算，收费与出库数据存在时间差。

③ 患者实际使用耗材剂量难以精准确定。例如，口腔科耗材根管充填材料 AH-Plus，实际使用于患者的剂量与收费剂量难以精准确定。

④ 部分材料包含可收费耗材，可收费耗材有收费无出库。材料包与可收费耗材均设独立编码。科室领用材料包，收费的是材料包中的可收费耗材，导致材料包有出库无收费，而其中的可收费耗材有收费无出库。

⑤ 由于物价政策及医保目录变化，耗材由不可收费转变为可收费，科室在不可收费阶段领用的耗材存留到可收费阶段使用并合规收费。

⑥ 部分设备购置合同中包括可收费耗材，此类耗材会随设备一起配送科室使用，未及时办理入库。

⑦ 耗材在检查周期前采购数量多，大量存留至检查周期使用及收费。

（2）收费金额及数量小于出库金额及数量。

① 采购数量偏多，医院仓库尚有较多库存。

② 因仪器操作导致需要重新检查、检验及治疗的耗材，未向患者收费。

③ 部分耗材对应医疗服务项目收费规则中"除外内容"时可单独收费，如果其他医疗服务项目无"除外内容"则不可收费。

（3）收费与出库数量无差异，收费金额大于出库金额。

因医院按内部制度规定进行价格调整而产生时间差，即收费时执行的是调整前价格，实际领用出库时按已调整的价格进行结算，系统不同步导致收费与出库的价格存在时间差。

（三） 进销存疑似违规情形复核

经上述进销存数据分析，对筛选出的差距大的药品、耗材再次进行现场核查，进而确定进销存不符的原因。在现场检查中，需要对药品、耗材使用的全流程进行复核，包括手术记录、耗材使用清单、耗材粘贴标签、采购合同、耗材注册证及说明书。重点通过对患者主诉、病程记录、辅助检查、手术记录等进行审核，结合相关疾病诊疗规范和指南，综合判断是否存在过度诊疗、滥用耗材、分解住院等情况；通过对手术记录、耗材使用清单（登记表）、耗材消毒记录、耗材条码、收费清单等进行审核，重点比对耗材使用数量、规格型号、生产厂家等信息是否一致，综合判断是否存在耗材串换、虚记、分解收费等情况。例如，某医院患者手术使用的耗材签收单及合格证标签均显示患者使用的为锁定钉，该品规螺钉采购价格为 350 元/枚，而医院实际与患者结算的为动态锁定钉，费用清单上显示价格为 864 元/枚，发生了串换医药服务项目的违规行为。

从实践来看，调阅患者术后影像记录是最直接、最客观判断患者植入耗材种类与数量的有效方式。医疗小组通过查阅患者术前、术后影像记录等资料，核查螺钉、钢板等耗材植入数量、植入位置，通过与手术记录、耗材使用清单（登记表）、耗材条码、收费清单等进行对比，核查相关信息是否吻合（重点关注以下情况：耗材收费数量大于植入数量、收费耗材不是植入耗材、使用克氏针等耗材但未收费），综合判断是否存在耗材串换、虚记、分解收费等情况。例如，某医院相关影像资料显示实际使用实心椎弓根螺钉 8 枚，但费用结算为 Mispine 微创万向复位螺钉 8 枚，发生了串换医药服务项目的违规行为。

财务小组结合"数据筛查规则"相关内容，通过调取耗材盘点表、随货同行单、采购发票、财务报表、会计凭证、出入库记录、消毒记录、销售数据、付款凭证等资料，以及现场清点耗材实际库存，并根据耗材类别、品规、厂家、价格等不同，分类核查耗材购销存数据，再通过与相应耗材收费数据进行对比，核查相关数据是否一致、相关票据是否真实、购销存比例是否符合当地医保要求、财务账目是否符合管理要求、是否严格执行"零加成""集采"政策，以及是否存在"账实不符""一码多用"等矛盾问题，以此综合判断是否存在耗材串换、虚记、分解收费、重复收费等情况。此外，由于调阅影像记录很难发现耗材串换中的"厂家串换"问题，所以核查购销存数据时，也需要高度重视"厂家信息"。

四、数据检查路径

由于医疗服务数量众多、使用场景复杂、链条长，现场检查工作无法实现全覆盖，因此本书推荐一种数据导向的检查路径，即在已经确定疑似违规问题后，按医疗服务项目提取数据进行内部自查。数据来源为医疗机构病案、进销存、财务系统等（见表 2-3）。

表 2-3　提取数据字段

信息类别	信息字段
基本信息	单据号、个人编码、姓名、性别、年龄、身份证号码、住院号（门诊治疗号）、险种类型、人员类型、参保地
住院信息	出院科室名称、主诊医师工号、主诊医师姓名、出院（门诊）诊断名称、基因检测结果

（续上表）

信息类别	信息字段
费用信息	费用类别、项目使用日期、项目使用日期标识、结算日期、收费年份、收费月份
	医院项目编码、医院项目名称（包括各类医药服务项目）、医保项目编码、医保项目名称（包括各类医保医药服务项目）
	规格、剂型、单价、数量、单位、金额
	是否医保记账、医师是否勾选医保记账、医保支付类别（甲类、乙类、丙类）、最后纳入医保统筹的金额
用药信息	用药途径、给药频次、药敏实验结果
手术信息	关联手术名称、关联手术日期、关联手术级别

自查的关键是建立信息筛查规则，准确抓取数据。定点医疗机构在组织自查时，首先需要将内部监管项目与内部收费信息码、医保编码、医嘱项目名称、医保类型进行数据映射，并依据现行医疗管理规定和医保、物价收费等相关政策建立异常医保结算数据筛查规则。

（一）分解住院

分解住院发生在住院过程中，可以通过设置信息条件从住院病历数据中发现问题。分解住院的数据提取方式为以相同住院号的患者首次出院时间和二次住院时间为检索条件（无论何种结算方式），筛选出短期内（例如1天内、3天内）重复入院的患者清单。

（二）违反诊疗规范过度诊疗、过度检查

这类违规行为的本质是不合理诊疗行为，但由于不合理诊疗通常难以界定，在开展自查自纠过程中，建议医疗机构按照本地负面清单和以往国家飞行检查负面清单执行。例如，针对2024年国家飞行检查负面清单中的过度检查违规示例——同时开展"C-反应蛋白"与"超敏C反应蛋白"检查，医疗机构可以在信息系统中设定同一天同一患者收取"C-反应蛋白"和"超敏C反应蛋白"项目的病历记录，对病历内容进行复核，确定是否发生此项违规问题。

（三）分解处方、超量开药、重复开药

分解处方、超量开药、重复开药的本质都是药品处方行为不合理。分解处方的数据提取路径为：在药品处方数据中，筛选同一医生短期内（例如一天内或相邻日期内）给同一参保患者开具多个处方，重点筛选单价较高的慢性病、肿瘤常用药品。超量开药的数据提取路径为：检索医保处方中开药剂量超过规定剂量的处方，重点关注抗生素处方、金额较高的大处方、长处方，提取可疑处方所在的门诊、住院电子病历。重复开药的数据提取路径为：筛选单次门诊或住院病历中同时开具了 2 种及以上药理作用相同或作用机制相似的药品，重点关注常见病（例如感冒）、慢性病就诊病历、大处方。为方便医疗机构开展自查自纠，本书整理了超量开药、重复开药违规情形常见的药品（见表 2-4）。

表 2-4　超量开药、重复开药违规情形常见的药品

违规情形	药品名		
超日剂量使用的药品	左氧氟沙星	阿利沙坦酯	伏诺拉生
	依折麦布	孟鲁司特	艾普拉唑
	莫西沙星	米诺环素	塞来昔布
	氟比洛芬	右佐匹克隆	非那雄胺（1mg）
	苯磺酸氨氯地平	盐酸氨基葡萄糖	艾司美拉唑
	氯雷他定	奥司他韦	佐匹克隆
	玛巴洛沙韦	阿奇霉素	酒石酸唑吡坦
成分重复或作用类同的药品联用	厄贝沙坦+缬沙坦	硝苯地平+氨氯地平	
	依托考昔+塞来昔布	奥司他韦不同厂家联用	
	西地那非不同厂家联用	沙格列汀+盐酸二甲双胍	
	盐酸伊托必利+莫沙必利	奥美拉唑+艾司美拉唑	
	丙卡特罗+氨溴特罗	二甲双胍维格列汀+盐酸二甲双胍	
	新康泰克+日夜百服咛（两种成分相似的感冒药合并使用）		

（续上表）

违规情形	药品名	
不适宜的联合用药	莫西沙星+左氧氟沙星	硝苯地平+缬沙坦氨氯地平
	硝苯地平+氨氯地平	缬沙坦氨氯地平+阿利沙坦酯
	氯沙坦钾氢氯噻嗪+阿利沙坦酯	阿托伐他汀+匹伐他汀
	阿莫西林+头孢呋辛	复方氨酚烷胺+酚咖
	氯吡格雷+艾司美拉唑	阿司匹林+铝镁匹林
	赛洛多辛+甲磺酸多沙唑嗪	头孢克洛+头孢呋辛
	阿托伐他汀钙+瑞舒伐他汀钙	氢氯噻嗪+吲达帕胺

（四）低标准住院

低标准住院属于"提供其他不必要的医药服务"违规行为，常见于住院费用低于 3 000 元或住院时间短于 3 天的患者，常见的违规问题和相应数据提取规则见表 2-5。需要注意的是，将患者收入院完成门诊无法做的检查（例如部分儿童激发试验、24 小时脑电图），可以排除低标准住院嫌疑。

表 2-5　低标准住院常见违规问题和数据提取规则

常见违规问题	数据提取规则
以健康查体为主要目的住院治疗	从医保结算清单数据库中筛选检验、检查占比较高（例如>70%）的住院病历
以口服药治疗为主收治入院	从医保结算清单数据库中筛选口服药物占比较高（例如无静脉输液及相关诊疗操作和手术操作）的住院病历，重点关注病情简单、诊断明确和病情稳定的肿瘤、脑卒中患者
可以门诊完成的手术、治疗收治入院	从医保结算清单数据库中筛选病情简单、诊断明确、手术费用较低，操作简单，CMI 值较低的住院病历
诱导轻症患者住院治疗	从医保结算清单数据库中筛选病情简单、诊断明确、治疗费用较低，操作简单或无相关操作，CMI 值较低、治疗简单的住院病历
入院准备手术时发现有手术禁忌后没有停止医嘱	从医保结算清单数据库中筛选诊断明确，手术医嘱开具后取消，取消后仍继续住院治疗的住院病历

（五）重复收费

重复收费的情况大多发生在医生实际开展了医疗项目，但因对收费内涵不熟悉而误收费。物价收费项目内涵制定的一个大原则是，如果手术或操作是某个大手术或操作的必经步骤，则不得重复收费。提取数据的逻辑举例如下：

案例一

计价单位为"2"的检查项目，如"颈部血管彩色多普勒超声加收（每增加两根血管）"，重复收费的取数逻辑：单次收费数量超过2，门诊及住院均以"确认执行时间"为计价统计时间。

案例二

单日限收费1次的项目发生重复收费时，违规项目的取数逻辑：单日收费数量超过1，门诊及住院影像检查、手术项目均以"确认执行时间"为计价统计时间；检验项目以"采集时间"为计价统计时间。

（六）超标准收费

超标准收费，顾名思义就是医药机构对医药服务的收费标准高于国家、省、市相关部门规定的价格标准。在手术项目中，超标准收费可能表现为在术前没有影像学支持和诊断的情形下开展手术项目。这类问题需要对已知可能违规的医疗服务项目设置数据提取要求，从病历中提取数据，并对可疑的病历记录进行核查。在药品项目中，超标准收费可能发生在药品价格超过了其采购价格，通过进销存对账即可发现端倪。

（七）分解项目收费

分解项目收费是指医疗机构将一个项目按照多项目收费标准进行收费。这类问题需要对已知可能违规的医疗服务项目设置数据提取要求，数据提取规则为：单位时间内，包含被分解的多个项目的费用清单。根据数据提取清单抽取相关病历进行复核，查看门（急）诊或住院患者电子病历、医嘱系统及收费清单，结合收费规则，判断患者真正执行的医疗服务项目是否被分解为多个项目收费。

（八）串换药品、医用耗材、诊疗项目和服务设施

串换项目收费为执行 A 项目但按照 B 项目收费的违规情形，通常发生在将非医保录内的项目串换为医保目录内的项目，或将低标准收费项目套入高标准收费项目结算。串换项目收费可以根据医保管理部门公布的负面清单提取数据，数据提取规则为：单位时间内，住院患者收取了 B 项目的费用清单。在信息系统初步筛选出疑似违规情形后，医保管理部门还需抽取一定比例或数量的病历进行核对，主要核对病案记录是否对应 A 项目，而非 B 项目。对于检验项目，首先需要对疑似违规项目相关检验试剂的进销存数据进行核查，并进入检验现场，核查检验仪器和试剂的说明书适用范围与实际收费项目是否一致。对于药品、耗材项目，检查过程中需要从两定网信息平台上抽取药品、耗材各 100 项，核对院内相应品规是否准确对应。

（九）超医保限定支付范围记账

超医保限定支付范围记账即将不属于医保基金支付范围的医药费用纳入医保结算，在临床上遇到较多的是超限制用药范围和超说明书使用药品、耗材、医疗服务项目。对于药品，近些年新的国家医保药品目录中限制用药范围已经大幅缩小，多数药品的医保支付范围回归到说明书的使用范围，不再作医保单独的支付范围限定。然而部分药品的限制条件较多，信息系统难以全部拦截，超医保支付范围用药仍然时有发生。在信息系统初步筛选出疑似违规情形后，医保管理部门还需抽取一定比例或数量的病历进行核对，确定违规情形确实存在。

以白蛋白为例，详细描述数据提取的规则，如有需要自查医保限制用药的医院可以参考本书提供的违规情形筛选规则。根据《国家基本医疗保险、工伤保险和生育保险药品目录（2022 年）》，人血白蛋白是医保限制用药，限抢救、重症或因肝硬化、癌症引起胸腹水的患者，且白蛋白低于 30g/L。该规定的限制性条件有两个：

第一，患者发生了抢救、重症或因肝硬化、癌症引起胸腹水。如果没有这些诊断或者治疗过程，无论白蛋白血液含量高低，白蛋白使用以医保记账均为违规情形。

第二，白蛋白低于30g/L。根据白蛋白使用前最后一次的血生化白蛋白最低值确定。如果白蛋白高于30g/L，即使满足了第一条的诊断或治疗过程，白蛋白使用以医保记账也是违规情形。

只有上述两个条件同时满足，白蛋白使用才可医保记账。在提取数据的过程中，分别针对第一个条件和第二个条件设定违规情形的取数规则。查询范围为急诊和住院的医保记账患者，白蛋白项目编码通过查询院内编码确定。

根据第一个条件，信息工程师需要在查询范围内筛选白蛋白使用数据，排除以下诊断或治疗：

（1）抢救：有抢救收费编码，医嘱中有抢救医嘱，或者病历中有抢救记录（描述性医嘱内容含有"抢救"字眼），包括大抢救、中抢救、小抢救。

（2）重症：有ICU、CCU等监护病房住院记录，或者病历中有告病重、病危、危重病例讨论记录（描述性医嘱有"病危/病重"字眼）。

（3）肝硬化：根据ICD编码中肝硬化诊断编码确定，需要列举所有的肝硬化编码，包括梅毒性肝硬化、血吸虫病性肝硬化、肝硬化所致精神障碍等，不可遗漏。

（4）癌症：ICD编码前三位为C00～D09，或者有Z51.0、Z51.1、Z51.2、Z51.8任一诊断。

根据第二个条件，信息工程师需要在查询范围内筛选白蛋白使用数据，血生化白蛋白最低值≥30g/L，且有第一个条件中的诊断或治疗。筛选出上述数据后，仍需随机抽取100份病历，核对肝硬化、癌症患者病历记录中是否有胸腹水，检查是否发生违规情形。

此外，其他医保支付范围的限定条件疑似违规数据筛选，可以直接根据限定条件统计，例如下列情形：

（1）限性别使用。例如，部分检查项目适用于女性，但记录显示为男性使用，如男性做孕酮检查，男性诊断为阴道炎、女性诊断为龟头炎等。

（2）限工伤。检查勾选记账的药物，患者待遇类型是否符合工伤保险。如人使用狂犬病疫苗（地鼠肾细胞）等。

（3）限儿童。检查勾选记账的药物，患者年龄是否小于18岁。如右旋布洛芬、孟鲁司特钠咀嚼片等。

（4）限生育保险。检查勾选记账的药物，患者待遇类型是否符合生育保险。如米非司酮、地诺前列酮等。

（十）超说明书用药医保报销

《中华人民共和国医师法》第二十九条和《新型抗肿瘤药物临床应用指导原则（2022年版）》对超说明书用药进行了规定，但医保支付是以药品说明书为依据，超过药品说明书范围的合理用药，患者需全部自费，此时使用医保支付则发生了"不属于医保基金支付范围的医药费用纳入医保结算"的违规行为。常见的超说明书用药举例见表2-6，医保部门在自查过程中可根据药品名称、临床诊断筛选违规数据。数据提取规则有两类：一类是提取常见的超说明书用药药品名称和说明书以外的适应症；另一类是提取全部超说明书用药药品名称所在的费用清单，排除说明书适应症所有的诊断，其他即为违规。

表2-6　常见抗肿瘤药物说明书适应症

序号	药品	说明书适应症	除说明书之外临床常用情况
1	紫杉醇（白蛋白结合型）	适用于治疗联合化疗失败的转移性乳腺癌或辅助化疗后6个月内复发的乳腺癌。除非有临床禁忌症，既往化疗中应包括一种蒽环类抗癌药	肺癌治疗

（续上表）

序号	药品	说明书适应症	除说明书之外临床常用情况
2	紫杉醇	适用于卵巢癌和乳腺癌及非小细胞肺癌（Non-Small Cell Lung Cancer，NSCL）的一线治疗和二线治疗。对于头颈癌、食管癌、精原细胞瘤，复发非何杰金氏淋巴瘤等有一定疗效	（1）Ⅲ期非小细胞肺癌的序贯化放疗及同步化放疗 （2）非小细胞肺癌的三线及后线化疗
3	紫杉醇脂质体	可用于卵巢癌的一线化疗及以后卵巢转移性癌的治疗。可用于曾用过含阿霉素标准化疗的乳腺癌患者的后续治疗或复发患者的治疗。可与顺铂联合用于不能手术或放疗的非小细胞肺癌患者的一线化疗	（1）肺癌辅助化疗、新辅助化疗 （2）小细胞肺癌一线治疗及后线化疗 （3）与卡铂联合用于不能手术或放疗的非小细胞肺癌的一线治疗及后线化疗
4	多西他赛	1. 乳腺癌 （1）适用于局部晚期或转移性乳腺癌的治疗 （2）联合曲妥珠单抗，用于HER2基因过度表达的转移性乳腺癌患者的治疗，此类患者先期未接受过转移性癌症的化疗 （3）联合阿霉素及环磷酰胺用于淋巴结阳性的乳腺癌患者的术后辅助化疗 2. 非小细胞肺癌 适用于局部晚期或转移性非小细胞肺癌的治疗，即使是在以顺铂为主的化疗失败后 3. 前列腺癌 联合强的松或强的松龙用于治疗激素难治性转移性前列腺癌	非小细胞肺癌的术后辅助化疗

（续上表）

序号	药品	说明书适应症	除说明书之外临床常用情况
5	培美曲塞	1. 非小细胞肺癌 （1）联合信迪利单抗和铂类用于表皮生长因子受体（EGFR）基因突变阴性和间变性淋巴瘤激酶（ALK）阴性、不可手术切除的局部晚期或转移性非鳞状非小细胞肺癌患者的一线治疗 （2）联合帕博利珠单抗和铂类用于表皮生长因子受体基因突变阴性和间变性淋巴瘤激酶阴性的转移性非鳞状非小细胞肺癌患者的一线治疗 （3）适用于经 4 个周期以铂类为基础的一线化疗后未出现进展的局部晚期或转移性非鳞状非小细胞肺癌患者的维持治疗 （4）适用于既往接受一线化疗后出现进展的局部晚期或转移性非鳞状非小细胞肺癌患者的治疗 （5）不推荐本品在以组织学为鳞状细胞癌为主的患者中使用 2. 恶性胸膜间皮瘤 联合顺铂用于治疗无法手术的恶性胸膜间皮瘤	（1）术后辅助化疗 （2）EGFR-ALK 治疗进展后化疗

（续上表）

序号	药品	说明书适应症	除说明书之外临床常用情况
6	贝伐珠单抗	1. 转移性结直肠癌 贝伐珠单抗联合以氟嘧啶为基础的化疗适用于转移性结直肠癌患者的治疗 2. 晚期、转移性或复发性非小细胞肺癌 贝伐珠单抗联合以铂类为基础的化疗用于不可切除的晚期、转移性或复发性非鳞状非小细胞肺癌患者的一线化疗 3. 复发性胶质母细胞瘤 贝伐珠单抗用于成人复发性胶质母细胞瘤患者的治疗 4. 肝细胞癌 贝伐珠单抗联合阿替利珠单抗治疗既往未接受过全身系统性治疗的不可切除的肝细胞癌患者	（1）EGFR-ALK 治疗进展后联合贝伐珠单抗化疗 （2）EGFR-ALK 联合贝伐珠单抗治疗 （3）与免疫药物联合使用治疗肺癌
7	伊立替康	用于成人转移性大肠癌的治疗，对于经含 5-FU 化疗失败的患者，本品可用于二线治疗	肺癌治疗
8	卡铂	波贝用于治疗实体瘤如小细胞肺癌、卵巢癌、睾丸肿瘤、头颈癌及恶性淋巴瘤等有较好的疗效，也适用于治疗其他肿瘤如子宫颈癌、膀胱癌及非小细胞肺癌等 伯尔定适用于治疗晚期上皮来源的卵巢癌（一线治疗、其他治疗失败后的二线治疗），也适用于治疗小细胞肺癌和头颈部鳞癌 （进口药品与国产药品适应症有差别）	肺癌治疗

（十一）出院带药违规行为

出院带药如果超过了医保支付范围记账，会产生"将不属于医疗保障基金支付范围的医药费用纳入医疗保障基金结算"的违规行为。各地医保管理部门对本地各类参保人员出院带药的天数、金额规定不同，天数一般不超过7天，金额限制差异较大。在检查过程中，需要首先明确各类参保人员带药天数和金额的上限。随机抽取100份出院带药病历，覆盖各类参保人员，检查病历中的出院带药是否符合规定。同样地，出院带诊疗项目也属于违规行为，需要重点检查放疗科是否有出院带放疗记录、临床科室是否有出院带理疗记录。

（十二）数据提取复核

提取数据初步确定疑似违规项目清单后，仍需要开展现场复核，进行相应的文件查阅、记录查看、病历和处方抽查、现场查看等。文件查阅是指制度、规范、新技术资料、外购药品耗材规定、身份确认、自费知情同意书等。记录查看是指查看外购药品、外购耗材清单、新技术申请收费项目文件、设备证件是否齐全、收费时间等。病历和处方抽查是指根据需要对住院运行、归档病历、门诊处方进行检查。现场查看是指现场检查住院患者是否在院，设备证件、设备运行与收费项目是否一致等。

查阅的资料涉及院内制度、规范、新技术资料、外购药品耗材规定、身份确认、自费知情同意书、耗材购置清单。设备检查的资料涉及设备购置资金来源，设备清单与现场设备核对，设备购置证、保养、有效期，设备使用资质及操作人员资质，设备适用范围与收费项目一致性。

第五节　医疗机构自查自纠案例

案例医院结合国家、省、市医保局出台的一系列加强医保基金监管、维护医保基金安全的文件规范，开展了深入的医保基金监管自查自纠和整改落实工作。

一、案例医院存在问题分析

（一）医保管理制度建设有待完善

医院内部医保基金安全的组织体系与制度建设仍有待进一步完善，临床科室层面的医保基金监管能力较为薄弱，出现违规行为后的追责制度尚不全面。医院医保基金监管长效机制仍需健全，在全链条闭环管理方面缺乏事前、事中的智能监控警示手段，院内的预防、纠错机制的智能信息化建设还存在改进空间。

（二）部分医务人员重视程度不足

部分医务人员对医保基金安全使用的学习不够深入，未将医保基金安全使用的问题上升到"守护好人民群众'救命钱'"的高度来认知、把握，出现个别医保基金使用不规范问题。例如，限定医保药品支付范围自 2004 年开始执行，该规定在特定历史条件下对维护医保基金安全、防止药品滥用等发挥了一定作用。医保医师在开具这类药品处方时，需按限定支付范围判断是否可以进行医保记账或告知患者需自费，个别医生因不够重视此项规定，导致超限定支付范围记账的违规行为。

（三）医保基金使用监管信息系统不完善

医院信息系统仅能满足基本的临床需求，无法向临床医师、技师或药剂师主动发送医保物价违规预警，无法实现对医疗收费行为的实时监控，也无法对重复收费项目进行及时识别与预警。这不仅给医疗收费及医保监管带来困难，而且增加了医务人员审核医嘱的工作量。

二、案例医院专项整治工作

案例医院党委认真学习习近平总书记关于医保基金安全使用的重要指示批示精神，坚决按照党中央、国务院决策部署，落实各级医保部门的文件要求。院领导在自查自纠工作中起到重要的统筹协调作用，为自查自纠开辟道路、扫清障碍。医保管理部门牵头相关职能处室明确监管内容，开展具体的数据提取、问题分析、整改方案落实工作；医保质控员配合医保管理部门完成监管相关资料复核、所在科室的医保基金使用质控。自查自纠具体举措包括：

（一）完善医保管理制度体系

逐步完善医院医保基金监管制度。在细化《医保基金使用管理办法》执行细则基础上，新增颁布《医保基金违规使用处理规定》，构建合理、高效的院内医保基金安全组织体系。重新调整院内医疗保障管理委员会成员。按照熟悉医保政策、具有较高的专业技术水平、坚持原则、秉公办事的基本原则选拔医保质控员，建设覆盖全院临床二级科室的医保质控员责任网格。

（二）提高医保基金安全使用重视程度

院领导高度重视，多次在中层干部会议上点评近期院内医保基金监管工作进展。各科室通过各级党组织第一议题学习、专题学习等方式，组织广大党员通过深入扎实的理论学习，进一步增强政治意识，发挥基层党组织的政治引领作用。准确把握上级医保主管部门发布的医保基金安全最新政策，严防死守，牢固树立"红线"意识。

（三）信息系统提取违规数据

根据 2019 年和 2022 年两次飞行检查、国家医保局和本地医保局发布的各批次负面清单，案例医院医保管理部门联合信息管理部门制定了自查自纠信息提取规则。第一次数据提取范围为开展自查前半年内的住院患者费用清单，医保管理部门在第一次自查中，首先逐一核对负面清单数据提取规则的准确性，而后抽调医保质控员复核问题数据的病历内容，确定违规问题是否存在以及临床科室违规金额、数量。此后每个月开展一次自查，自查数据提取范围为上个月的住院患者费用清单，抽调医保质控员完成复核、确认，常态化开展自查自纠。

（四）完善内部监管信息系统

建设医保基金安全信息监管平台。借助信息化大数据手段，提高事前、事中智能监控水平，实施医院医保基金安全使用的常态化检查，排除可能存在的风险。案例医院通过解绑检验套单、暂停收费项目、设置信息系统拦截等措施，从源头杜绝了部分重复收费、串换项目收费的违规行为。通过信息系统弹窗提醒，实时提醒开单医生可能发生的违规情形，让其及时修改医嘱。针对容易出现违规的医保限制性支付用药，该医院还设计了"住院医保限定支付医嘱查询系统"，规定临床医生或所在科室的医保质控员在患者结算前需要查询医保限定支付项目，再次核实患者病情是否符合限定条件或作出修改。

（五）健全医保基金监管长效机制

持续健全医保基金监管长效机制。一是日常监控，升级院内医保基金安全审核系统，安排专人专岗进行智能审核、通知、提醒；二是抓早抓小，开展医保基金安全使用交叉检查，实现可疑违规"早发现，早整改"；三是联动惩治，与纪检监察、物价、医务、信息等部门深度联动，督促医保基金安全使用不规范的部门整改，约谈相关人员，对情节严重者追究有关管理责任，形成闭环管理。

（六）营造医保基金安全文化良好氛围

持续开展医保基金安全使用专家授课。围绕医保基金安全使用的政策理解、规范执行、查错纠偏等方面，2023年开展3场全院专题培训，邀请有经验的医保专家专题授课。凝练典型违规案例，设立医保质控员网络内训课堂，不断提高自查自纠能力；同时，大力推动医保基金安全使用院内宣讲。利用转发微信公众号推文、会议培训讲解，开展医保基金安全宣传周活动等方式，准确把握收费内涵，规范诊疗行为，并加大宣教力度，系统、深入地向医务人员、广大患者科普医保基金安全使用知识。

三、自查自纠成效追踪

判断自查自纠是否到位需要明确的数据支撑。医保管理部门根据违法违规问题清单提取数据，通过检查病案确认整改后的违规项目和金额、数量。确认的违规金额应及时退还医保经办机构，避免在再次飞行检查时问题性质升级。通过数据追踪，医保管理部门可以发现整改落实不到位的临床科室，再次深入科室开展医保查房和宣讲，督导全院医保基金监督条例执行情况，通过警示教育、个别辅导等方式，对骨科、心内科、肾内科、麻醉科、外科、整形科、血液科、检验科、病理科、影像医学科、康复科等开展十余次重点督查，确保医保违规整改落实到每一位临床医护人员。

对于每一批次的负面清单，上述流程循环2~3次后基本可以实现违规金额清零，整改落实到位。

参考文献

［1］林汉，曾莎莉，陈柏尧，等. 医院多部门联合开展医保基金监管的成效分析：以广西某三甲医院为例［J］. 中国医疗保险，2022（9）：97-99.

［2］丁海霞. 强化自我监管，提升医院医保服务质量［J］. 中国医疗保险，2020（4）：40.

［3］朱静，许丽. 北京某医院构建全流程医保基金自监管体系实践探索［J］. 中国医院，2023，27（5）：97-100.

［4］罗朝霞，朱莉. 协同视角下院内医保基金规范化标准化监管模式初探：以湖南省某三甲医院为例［J］. 中国医疗保险，2023（1）：102-105.

［5］罗碧眉，蒋南，刘建明. 限制性用药政策下医院医保用药管理对策探讨［J］. 医药前沿，2018（24）：371.

［6］沈伟彬，文光慧. 医院医保骗保行为监管对策探究［J］. 中国卫生标准管理，2018，9（16）：10-12.

［7］文丹妮，董登姣，曾建英，等. 基于内部控制的医院药品进销存管理与会计核算［J］，中国卫生经济，2021，40（7）：76-80.

附　录

检验项目
- 过度检验
  - 超限定频次
- 重复收费
  - 检验套餐重叠
  - 常规加收
- 超规定时限
- 串换项目
  - 检验方法串换
  - 自费项目串换为医保项目
- 检验试剂
  - 注册证与收费不一致
  - 进销存不符
  - 超过有效期
- 外购检验项目
- 出院带检验项目

检查项目
- 设备记录与医保记录数量不符
- 外购检查项目
- 出院带检查项目
- 过度检查（收费组套常规开展）
- 检查结果无报告

手术项目
- 超标准收费
- 分解收费
- 重复收费
  - 重复收取仅独立开展方可收费的手术项目
  - 微创手术重复收取加收费用
- 无手术记录或记录不全

护理项目
- 级别护理
- 护理费天数＞住院天数

床位费
- 超标准收费（病房规格不符）

中医、康复
- 串换项目收费　设备记录与医疗项目记录不符
- 过度医疗、重复收费　治疗时间限制项目
- 人员资质不符
- 违反禁忌症使用医疗设备

精神、心理
- 量表加收费用无病历记录
- 过度医疗

新技术收费

常见一般违规行为 — 三大目录 — 医疗服务项目

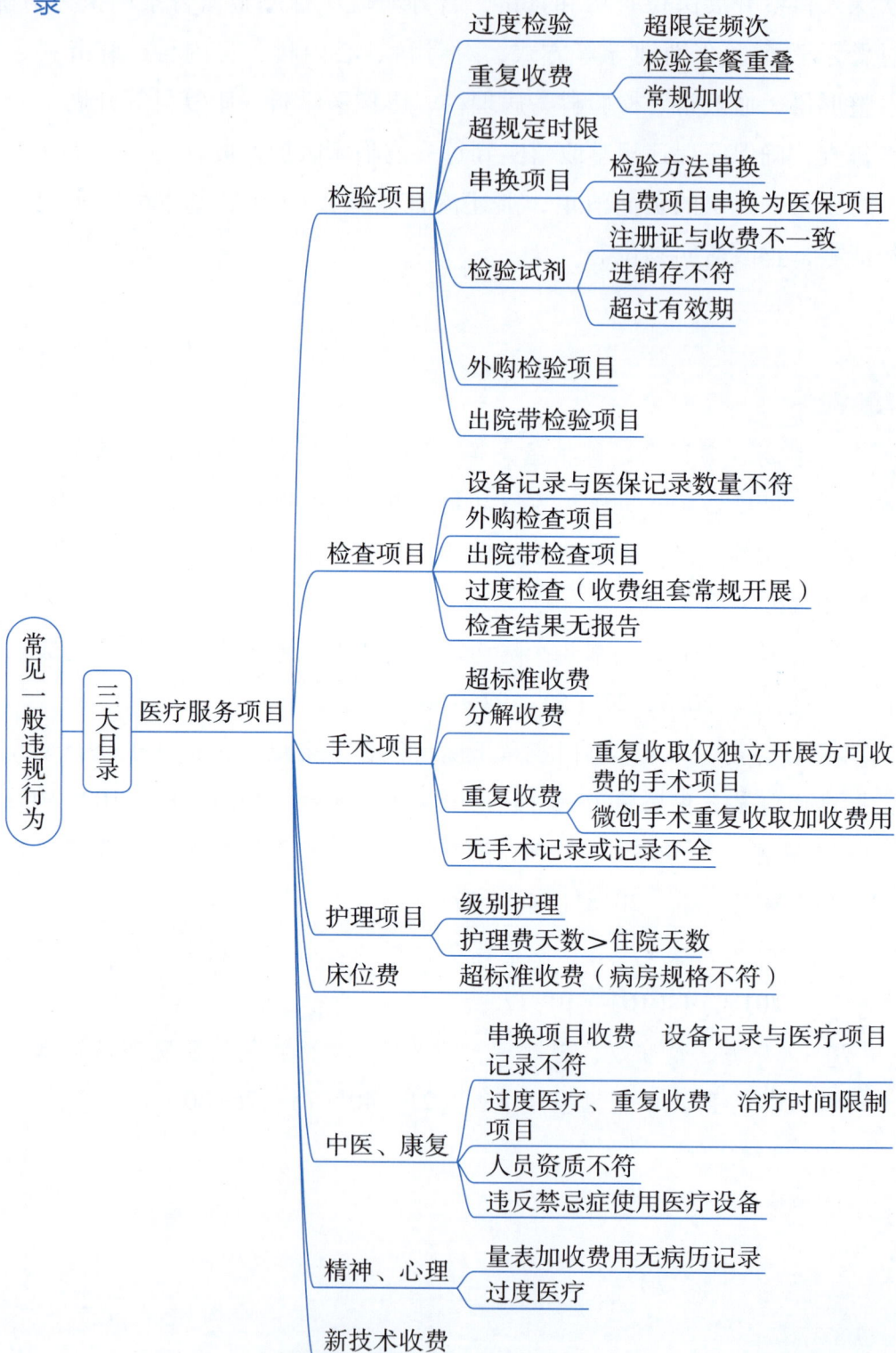

医疗机构常见一般违规行为思维导图

超说明书用药医保记账（医保限定支付范围＞说明书＞临床指南）

药品
- 超医保限定支付范围用药
- 超量开药、不合理用药
- 重复开药
- 串换药品
- 药品进销存不符
- 外购药品不合规
- 出院带药违规

三大目录

耗材
- 高值耗材不合理使用
- 进销存不符
- 串换项目收费
- 重复使用、多次收费

- 不属于医保基金支付范围的医药费用纳入医保结算
- 虚构医药服务项目、虚记项目
- 超标准收费
- GCP临床试验费用医保记账

DRG/DIP支付下的违规行为
- 高套分值
- 编码低套
- 费用转嫁

常见一般违规行为

设备管理
- 设备、试剂、操作人员资质不符
- 科研经费来源的设备开展医疗服务项目时医保记账
- 注册证、适用范围超标

内部医保管理

管理不善
- 人证不符、门特待遇不符
- 管理制度、组织保障不完善
- 资料管理不完善
- 未按要求传送数据、报告信息
- 医药费用未公开
- 未按要求执行自费告知
- 不配合监督检查、未提供真实情况

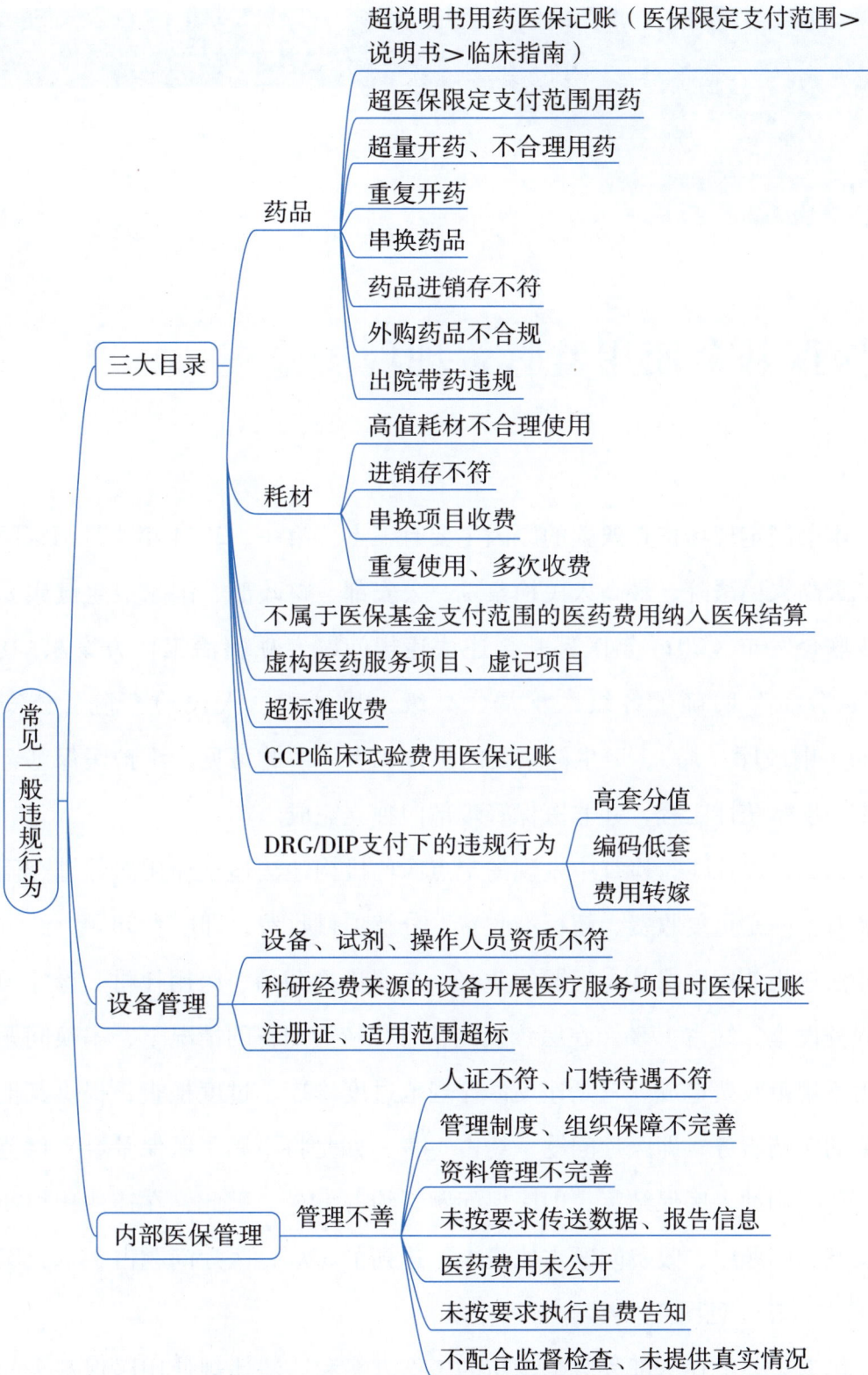

医疗机构常见一般违规行为思维导图（续）

第三章

医保基金使用监督管理现场检查

本书制定现场检查条款的原因主要有三点。第一，2024 年 4 月国家医保局、最高人民法院、最高人民检察院、公安部、财政部、国家卫生健康委六部委联合发布《2024 年医保基金违法违规问题专项整治工作方案》，其中"职责分工"明确了各级医保局、高级人民法院、人民检察院、公安厅（局）、财政厅（局）、卫生健康委的工作职责。由此可见，维护医保基金安全是一项系统性工程，并非医保管理部门独立完成。

第二，以往飞行检查中发现的定点医药机构违法违规使用医保基金问题主要有：一是重复收费、超标准收费、分解项目收费，即收费问题，约占所有违法违规使用医保基金问题的 36%。二是串换药品、医用耗材、诊疗项目和服务设施，约占 17%。在医疗机构信息化较为完备的情况下，串换问题主要由不规范收费造成。三是违反诊疗规范过度诊疗、过度检查，提供其他不必要的医药服务，即医疗问题，约占 14%。四是将不属于医保基金支付范围的医药费用纳入医保结算，即医保问题，约占 14%。因此，在违法违规使用医保基金问题中，收费问题占比最大，达到了 53%，医疗问题占 14%，医保问题占 14%（见图 3-1）。

第三，与上述六部委联合发布的工作方案和违法违规使用医保基金问题类别相对应的医院内部管理工作，需要医保、医务、药学、财务、设备耗材管理、信息等职能部门密切协作，践行多部门的 MDT 管理模式，共同促进合理诊疗、合理收费、合理使用医保基金。此外，厘清医疗机构各职能部门的工作职责，更有助于规范医保基金使用相关管理举措，避免推诿，压实管理职责。因此基于上述考虑制定现场检查条款，旨在建立系统性的长效医保基金安全使用管理机制。

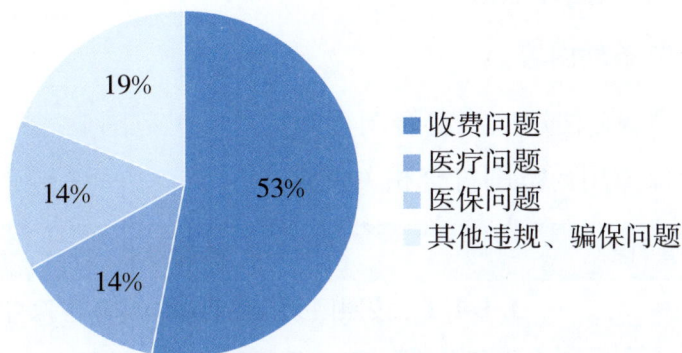

图 3 - 1　违法违规使用医保基金问题分类及占比

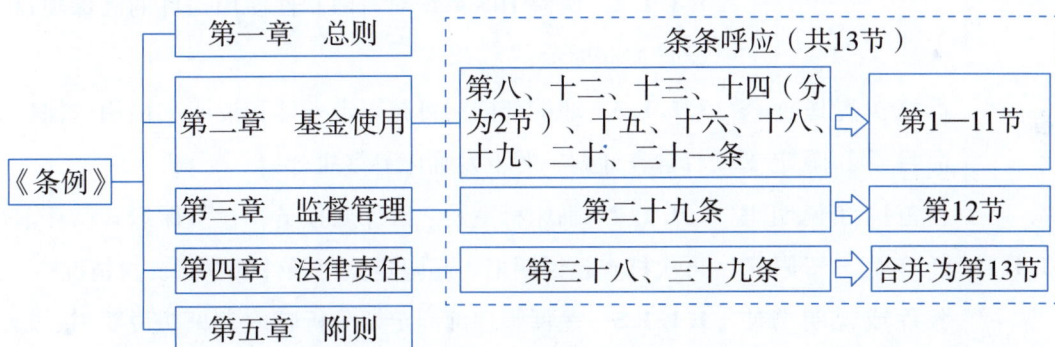

图 3 - 2　现场检查条款与《条例》内控制度要求的对应关系

现场检查条款共一章 13 节 39 条 60 款 381 点，条款内容涵盖全部《条例》提及的定点医疗机构在使用医保基金过程中需要履行的责任和义务。条款中的"节"与《条例》中的"条"逐一对应，映射关系见图 3-2。

条款检查内容制定遵循 PDCA 循环原理，PDCA 循环的含义是将质量管理分为 P、D、C、A 四个阶段，按照该顺序循环，持续改进质量。通过质量管理计划的制订及组织实现的过程，实现医保基金安全管理的持续改进。条款主要参考的法律法规及相关规范：《定点管理办法》《国家医疗保障局关于做好基本医疗保险医用耗材支付管理有关工作的通知》《基本医疗保险用药管理暂行办法》《关于建立医疗保障待遇清单制度的意见》，广东省医保医药服务评价指标体系，会计、物价、药品、耗材、病历、医疗文书管理、临床诊疗规范等相关法律法规。

以下是 13 节条款内容。

1. 医疗保障基金使用应当符合国家规定的支付范围。

1.1 医疗保障用药范围符合相关规定。

款号	检查内容	检查标准
1.1.1	严格执行医保药品目录和限定支付范围和说明书适应症，超限定条件或说明书使用药品不得使用医保支付。	**1.1.1.1** 按照国家药品目录、《基本医疗保险用药管理暂行办法》，建立医保目录管理制度，及时、完整维护医保信息系统，职能部门制订医保目录信息系统的自查计划； **1.1.1.2** 医院 HIS 系统对有限制性使用条件的医保项目设置弹框提示； **1.1.1.3** 职能部门制订超限定条件和说明书使用医保项目自查计划，并下发临床科室执行； **1.1.1.4** 临床科室设立医保质控员，在参保患者结算前再次核查超说明书、超限定支付条件的医保支付情况； **1.1.1.5** 医保管理部门定期分析院内常见超说明书、超限定支付条件的医保药品，针对性开展重点培训工作； **1.1.1.6** 定期开展自查，并有相关记录； **1.1.1.7** 医保管理部门定期向临床科室公布药品违规使用医保支付的检查结果，提供相关整改记录； **1.1.1.8** 持续改进有效，通过数据、案例等方式能体现该违规情形有所减少； **1.1.1.9** 能够根据政策变动和医院实际，不断完善内部管理制度与工作流程。

1.2　诊疗项目目录及限定支付条件，医疗服务设施范围和支付标准符合医保支付相关规定。

款号	检查内容	检查标准
1.2.1	严格执行医保诊疗项目目录及限定支付条件，医保医疗服务设施范围和支付标准。	**1.2.1.1**　按照《国家基本医疗保险诊疗项目范围》《关于确定城镇职工基本医疗保险医疗服务设施范围和支付标准的意见》《广东省基本医疗服务价格项目目录（2021年版）》，建立医保目录管理制度，及时、完整维护医保信息系统，职能部门制订医保目录信息系统的自查计划； **1.2.1.2**　定期召开多部门工作协调会，建立沟通协调机制，医保管理部门履行协调职能； **1.2.1.3**　机构内部医保相关管理制度、奖惩制度等文件中有关于"诊疗服务项目超医保限定支付条件""将不属于医保支付目录内的诊疗项目纳入医保支付"违规行为的管理规范； **1.2.1.4**　职能部门定期开展诊疗项目医保支付的自查，反馈至临床科室并整改； **1.2.1.5**　能够根据政策变动和医院实际，不断完善内部管理制度、信息系统与工作流程。

1.3　不得将不属于医疗保障基金支付范围的医药费用纳入医疗保障基金结算。

款号	检查内容	检查标准
1.3.1	不得将不属于医疗保障基金支付范围的医药费用纳入医疗保障基金结算。	**1.3.1.1**　医院按照《关于城镇职工基本医疗保险诊疗项目管理的意见》，结合最新政策规定建立院内"医保基金不予支付"相关规定； **1.3.1.2**　医院职能部门建立风险防控工作机制，加强对临床科室和医疗费用结算部门的培训，提高政策掌握程度； **1.3.1.3**　医院信息系统建立医保不予结算相关诊断"事前提醒、事中监控"功能，减少违规行为发生； **1.3.1.4**　职能部门定期对结算数据进行自查、分析、改进，在报表申报前修正错误纳入医疗保障基金结算的数据；

（续上表）

款号	检查内容	检查标准
1.3.1	不得将不属于医疗保障基金支付范围的医药费用纳入医疗保障基金结算。	**1.3.1.5** 职能部门定期公布自查结果，反馈至临床科室和医疗费用结算部门，并检查整改落实情况； **1.3.1.6** 持续改进有效，通过数据、案例等方式能体现该违规情形有所减少； **1.3.1.7** 能够根据政策变动和医院实际，不断完善内部管理制度、信息系统与工作流程，形成新的工作制度和流程。

2. 定点医药机构应当按照规定提供医药服务，提高服务质量，合理使用医疗保障基金，维护公民健康权益。

2.1 按照规定提供医药服务，遵守相关的法律法规、规章和内部质量管理、控制制度，符合临床诊疗指南、临床技术操作规范和行业标准以及医学伦理规范等有关要求。合理使用医疗保障基金，在遵守相关规定的基础上，合理检查、合理用药、合理诊疗。

款号	检查内容	检查标准
2.1.1	按照规定提供医药服务，遵守相关管理制度和诊疗规范，合理诊疗，提供必要的医药服务。	**2.1.1.1** 医保管理部门定期开展医保知识培训，临床科室医保管理人员及时上传下达政策文件及工作要求； **2.1.1.2** 严格执行《广东省基本医疗保险诊疗常规》，科室有适用的临床诊疗指南、临床技术操作规范和行业标准以及医学伦理规范等，用于指导医师的诊疗活动； **2.1.1.3** 对医务人员进行培训，使医务人员掌握并严格遵循本专业岗位相关规范和指南开展医疗工作； **2.1.1.4** 有相关的临床诊疗指南、疾病诊疗规范、临床路径等培训记录； **2.1.1.5** 开展自查，并有相关记录，向临床科室公布不合理诊疗的检查结果，提供相关整改记录； **2.1.1.6** 执行情况有督导检查与整改措施； **2.1.1.7** 通过数据、案例等方式能体现医务人员提供医药服务规范性提升。

2.2 不得提供超出基本医疗保障范围的服务，而向医保部门申请医疗保障基金支付。

款号	检查内容	检查标准
2.2.1	在基本医疗保障范围内提供服务，不得提供超出基本医疗保障范围的服务，而向医保部门申请医疗保障基金支付。	**2.2.1.1** 根据《广东省医疗保障局关于印发特需医疗服务项目和价格管理办法的通知》（粤医保规〔2023〕7号）规范开展特需服务；在保证基本医疗服务的前提下，特需服务必须保证在独立区域开展，并在服务设施、诊疗环境、服务时间、医护队伍、就医体验等方面提供优质便利、满足患者多层次需求的服务； **2.2.1.2** 医院制定院内特需服务物价收费规范，保障合规收费；项目应设显著标识，项目收费编码在现行目录项目收费编码后加字母"T"予以区分，并根据省公布的医疗服务价格项目同步更新；特需服务项目实行打包收费，相同的特需服务项目可制定不同收费标准，不再实行除外收费，不得另外收取医疗器械费用；同一次诊疗服务，同一服务项目的特需服务项目与基本目录项目不得同时收费； **2.2.1.3** 医院提供特需医疗服务，超出基本医疗保障范围的服务，应向患者进行知情告知并签署书面同意书； **2.2.1.4** 医院制定工作流程，完善信息系统，保障特需服务项目按规定标识上传，不得向医保部门申请医疗保障基金支付； **2.2.1.5** 职能部门定期对结算数据进行自查，在报表申报前修正错误纳入医疗保障基金结算的数据； **2.2.1.6** 职能部门定期公布自查结果，反馈至临床科室和医疗费用结算部门，并检查整改落实情况； **2.2.1.7** 通过数据、案例等方式能体现该违规情形有所减少； **2.2.1.8** 能够根据政策变动和医院实际，不断完善内部管理制度、信息系统与工作流程。

3. 遵守医疗保障服务协议。

3.1 严格执行医保协议，合理收费。

款号	检查内容	检查标准
3.1.1	贯彻执行医药价格政策法规，规范内部价格行为管理，合理收费。	**3.1.1.1** 医疗机构应当设立价格管理委员会，负责全院价格管理工作的领导、组织和决策； **3.1.1.2** 配备专职医疗服务价格工作人员，掌握基本的医疗服务价格管理相关知识，熟悉业务科室开展的医疗服务价格项目内涵及主要成本构成；各业务科室（部门）设置兼职医疗服务价格工作人员，每个科室（部门或病区）至少设1名； **3.1.1.3** 按照医疗服务价格管理有关规定，做好价格政策宣传与解释，指导临床、医技科室正确执行医疗服务价格政策，并检查各科室执行情况，对不规范收费行为予以纠正； **3.1.1.4** 职能部门定期开展收费规范性检查，公布收费规范性行为的检查结果，提供相关整改记录； **3.1.1.5** 能够根据政策变动和医院实际，不断完善内部管理制度与工作流程。

3.2 优先配备使用医保目录药品，控制患者自费比例，提高医疗保障基金使用效率。

款号	检查内容	检查标准
3.2.1	优先配备使用医保目录药品。	**3.2.1.1** 医疗机构应当按照药品监督部门管理规定设立药事管理委员会，明确其职责； **3.2.1.2** 药事管理委员会定期召开会议，按国家医保药品集采、药品监督管理部门规定，及时合理配备药品采购； **3.2.1.3** 做好国家药品目录政策宣传与解释，指导临床正确执行药品政策，并定期检查各科室执行情况； **3.2.1.4** 药学管理部门定期开展评估评价，公布集采药品使用情况，提供相关记录； **3.2.1.5** 能够根据政策变动和医院实际，不断完善药品配置制度与工作流程。

（续上表）

款号	检查内容	检查标准
3.2.2	控制患者自费比例。	**3.2.2.1** 医疗机构应当按照医保规定设立医保管理委员会，将控制自费比例纳入其职责； **3.2.2.2** 配备兼职医保质控员，每个科室（部门或病区）至少设1名； **3.2.2.3** 按照医保协议规定，做好医保报销政策宣传与解释，指导临床、医技科室正确执行医保报销政策； **3.2.2.4** 职能部门定期分析评价各科室自费情况，对自费率过高的科室、医生进行提醒，提供相关记录； **3.2.2.5** 能够根据政策变动和医院实际，不断完善内部管理制度与工作流程。

3.3 不得为非定点医疗机构提供医保结算。

款号	检查内容	检查标准
3.3.1	规范使用医保结算端口，不得为非定点医疗机构提供医保结算。	**3.3.1.1** 根据银联及医保要求，在保证基本医疗服务结算的前提下，合理申请配置医保结算端口； **3.3.1.2** 医保结算端口按规定使用； **3.3.1.3** 职能部门定期对医保结算端口进行自查，针对自查结果及时整改； **3.3.1.4** 持续改进有效，通过数据、案例等方式能体现"为非定点医疗机构提供医保结算"违规情形基本杜绝。

3.4 不得以医保支付政策为由拒收患者。

款号	检查内容	检查标准
3.4.1	执行医保支付政策，不得以医保支付政策为由拒收患者。	**3.4.1.1** 按照疾病相关诊疗指南和出入院标准收治患者，不得以医保支付政策为由拒收患者； **3.4.1.2** 不得以医保支付政策为由要求患者住院15天办理出入院手续； **3.4.1.3** 职能部门接到患者投诉后，及时反馈至临床科室并整改； **3.4.1.4** 能够根据政策变动和医院实际，不断完善内部管理制度与工作流程。

3.5　按有关规定执行集中采购政策，优先使用集中采购中选的药品和耗材。医保支付的药品、耗材应当按规定在医疗保障行政部门规定的平台上采购，并真实记录"进、销、存"等情况。

款号	检查内容	检查标准
3.5.1	优先使用集中采购中选药品、耗材并完成约定任务量。	3.5.1.1　有优先使用国家集中采购中选药品、耗材的相关制度，医务人员知晓并执行； 3.5.1.2　有适宜措施标记国家集采中选药品、耗材，并将其优先使用纳入绩效考核管理体系； 3.5.1.3　医保支付的药品、耗材依照相关规定在医疗保障行政部门规定的平台上采购，采购记录完整、可追溯； 3.5.1.4　完成国家集采中选药品、耗材的指标任务，指标变化趋势符合上级要求； 3.5.1.5　临床科室对优先使用国家集采中选药品、耗材的情况进行自查、总结、分析，对存在问题进行整改； 3.5.1.6　职能部门定期督导检查、分析、反馈，并检查科室整改落实情况； 3.5.1.7　通过数据、案例等方式能体现科室优先使用国家集采中选药品、耗材情况不断改进； 3.5.1.8　能够根据政策变动和医院实际，不断完善内部管理制度与工作流程。

3.6　参加由医疗保障行政部门或经办机构组织的宣传培训。

款号	检查内容	检查标准
3.6.1	参加由医疗保障行政部门或经办机构组织的宣传培训，在显著位置悬挂统一样式的定点医疗机构标识。	3.6.1.1　医疗机构应当按照医保上级主管部门通知，参加由医疗保障行政部门或经办机构组织的宣传培训； 3.6.1.2　参加培训有记录，培训内容传达至相关职能部门和临床科室并有记录； 3.6.1.3　在显著位置悬挂统一样式的定点医疗机构标识，确保参保人就诊时看到； 3.6.1.4　职能部门定期梳理培训内容，跟进实施； 3.6.1.5　能够根据政策变动和医院实际，不断完善内部管理制度与工作流程。

3.7 优化医保结算流程，为参保人员提供便捷的医疗服务，按规定进行医保费用直接结算，提供费用结算单据和相关资料。为符合规定的参保人员提供转诊转院服务。参保人员根据有关规定可以在定点医疗机构购药或凭处方到定点零售药店购药。

款号	检查内容	检查标准
3.7.1	优化医保结算流程。	**3.7.1.1** 医院内部建立完整的制度流程，为医保结算、费用结算单据打印、转诊转院服务、实现在定点医疗机构购药或凭处方到定点零售药店购药等服务提供支撑； **3.7.1.2** 人员分工明确，有专人专岗完成医保结算、费用结算单据打印、转诊转院服务、实现在定点医疗机构购药或凭处方到定点零售药店购药等工作； **3.7.1.3** 制定完善的应急预案制度，定期预演应急预案并有相关记录；应急预案内容应至少包括：医保结算故障无法进行医保结算、对参保人的解释等； **3.7.1.4** 能够根据政策变动和医院实际，不断完善内部管理制度与工作流程。

3.8 做好与医保有关的信息系统安全保障工作，遵守数据安全有关制度，保护参保人员隐私。定点医疗机构重新安装信息系统时，应当保持信息系统技术接口标准与医保信息系统有效对接，并按规定及时全面准确向医保信息系统传送医保结算和审核所需的有关数据。

款号	检查内容	检查标准
3.8.1	优化信息系统安全保障工作。	**3.8.1.1** 保持信息系统技术接口标准与医保信息系统有效对接； **3.8.1.2** 做好与医保有关的信息系统安全保障工作，遵守数据安全有关制度，保护参保人员隐私； **3.8.1.3** 医院内部建立完整的制度流程，为与医保有关的信息系统安全保障、信息系统技术接口标准与医保信息系统有效对接等工作提供支撑；

（续上表）

款号	检查内容	检查标准
3.8.1	优化信息系统安全保障工作。	3.8.1.4 医院信息管理部门人员分工明确，有专人专岗完成与医保有关的信息系统安全保障、信息系统技术接口标准与医保信息系统有效对接等工作； 3.8.1.5 按规定及时全面准确向医保信息系统传送医保结算和审核所需的有关数据； 3.8.1.6 制定完善的应急预案制度，定期预演应急预案并有记录；应急预案内容应至少包括：无法传输医保结算和审核所需的有关数据、医保有关的信息系统安全故障等； 3.8.1.7 每个医保年度清算周期内，未发生信息系统安全故障的负面事件； 3.8.1.8 能够根据政策变动和医院实际，不断完善内部管理制度与工作流程。

4. 建立医疗保障基金使用内部管理制度，由专门机构或者人员负责医疗保障基金使用管理工作，建立健全考核评价体系。

4.1 加强内部制度建设：内部管理制度包括医保基金管理、就医管理、结算管理、信息管理、质量管理等方面的管理制度。

款号	检查内容	检查标准
4.1.1	建立医疗保障基金使用内部管理制度。	4.1.1.1 医院内部建立完整的医疗保险管理制度，制定详细的医保管理规章制度、操作流程和业务指引，包括医保基金管理、就医管理、结算管理、信息管理、质量管理等方面的管理制度； 4.1.1.2 医院制订详细、具体的医疗保险政策培训计划，组织开展医疗保障基金相关制度、政策的培训； 4.1.1.3 定期自查各项医保管理制度的执行情况，并有记录； 4.1.1.4 定期检查本单位医疗保障基金使用情况，及时纠正医疗保障基金使用不规范的行为； 4.1.1.5 能够根据政策变动和医院实际，不断完善内部管理制度与工作流程。

4.2 管理队伍建设：各级医疗机构按服务协议规定，建立三级管理体系、专门机构或者人员负责，足额配备专（兼）职管理人员。

款号	检查内容	检查标准
4.2.1	建立健全医保管理组织机构，由专门机构或者人员负责医疗保障基金使用管理工作。	**4.2.1.1** 医院成立医疗保障管理委员会，负责医院医保相关重大事项的决策，审核医院新制定和修订的医保管理相关规章制度；指导各科室做好医保管理工作，审查、督促各科室完成医保相关各项指标、计划、措施，监督、检查各科室对政策的执行情况； **4.2.1.2** 医疗保障管理委员会定期召开工作会议，至少每半年听取一次内部医保工作报告，统筹指导各职能部门和临床科室按照医保政策法规开展医疗保障相关日常工作； **4.2.1.3** 医院根据床位数规模，设定医保管理部门或专职管理人员负责医院医疗保险相关工作；专职医保工作人员熟练掌握医保政策法规，解决日常工作中临床及患者存在的医保相关问题； **4.2.1.4** 临床科室有专门负责本科室医保相关工作的医务人员，并定期接受医保管理部门培训，做好政策的上传下达； **4.2.1.5** 三级管理体系中，各级组织能根据工作需要，定期或不定期召开专题会议，总结既往工作开展情况，并提出改进意见； **4.2.1.6** 能够根据政策变动和医院实际，不断完善人员组织架构，提升医保管理人员业务水平。

4.3 考核评价制度建设：建立健全考核评价体系，提升定点医药机构工作人员的积极性；加强医疗机构内部专业化、精细化管理，分类完善科学合理的考核评价体系，将考核结果与医保基金支付挂钩。

款号	检查内容	检查标准
4.3.1	建立健全院内考核评价体系，提升定点医药机构工作人员的积极性。	4.3.1.1 根据当地医保经办机构制定的《定点管理办法》《医疗保障定点医疗机构履行服务协议情况年度考核项目与评分标准》，以及与医院签订的《医疗保障定点医疗机构医疗服务协议书》，结合医院实际情况，建立院内考核评价体系； 4.3.1.2 医保管理部门以考核标准为指挥棒，开展院内培训，解读考核评价标准，制定实施路径，指导临床医技科室、相关职能部门开展医保相关管理工作； 4.3.1.3 定期开展考核，公布考核结果，并可根据医院实际情况，将考核结果与临床科室年终清算结果挂钩； 4.3.1.4 不断提高医院内部专业化、精细化管理水平，根据考核结果，提出改进措施，督促临床医技科室和相关职能科室开展整改； 4.3.1.5 根据政策变动和医院实际情况，不断完善考核评价体系。

5. 组织开展医疗保障基金相关制度、政策的培训，定期检查本单位医疗保障基金使用情况，及时纠正医疗保障基金使用不规范的行为。

5.1 政策培训：组织医疗保障基金相关制度与政策的培训，增强全员对于医保制度的理解和执行效力。向参保人员宣传医疗保障基金相关政策，实现共同维护医疗保障基金的合力。

款号	检查内容	检查标准
5.1.1	组织医保政策培训，增强全员医保制度理解和执行效力。	5.1.1.1 实行院领导负责制，院领导在全院会议上强调骗保行为的严重性，并有会议纪要； 5.1.1.2 定期开展覆盖全院的杜绝骗保行为、防止违规行为培训，科室内部传达培训内容； 5.1.1.3 奖惩制度等文件中有关于违规使用医保基金行为的管理规范，并建立科主任负责制； 5.1.1.4 有职能部门的考核记录及临床科室内部的培训记录，《条例》中骗保行为的知晓率达到100%； 5.1.1.5 能够根据医院实际，不断完善内部管理制度与工作流程。

（续上表）

款号	检查内容	检查标准
5.1.2	向参保人员宣传医疗保障基金相关政策。	5.1.2.1 医院通过设置宣传栏、电子屏滚动公示最新的医保支付政策和医保三大目录，让参保人员实时了解最新医保政策与目录清单； 5.1.2.2 设置指引，帮助参保人员清晰了解门诊定点、门特、门慢、生育保险等医保待遇办理流程； 5.1.2.3 张贴公示医保基金使用违法违规情形； 5.1.2.4 设置医保政策、制度、流程办理等相关答疑热线或窗口； 5.1.2.5 职能部门定期检查各项公示宣传措施落实情况，根据宣传落实效果，提出整改措施，督促负责部门及时整改落实； 5.1.2.6 根据参保人员意见与医院发展实际，不断更新优化宣传流程。

5.2 自查自纠：对医疗保障基金使用情况开展日常检查，及时纠正违法违规问题。如果发现参保人员不规范使用医疗保障基金的行为，也要及时纠正。

款号	检查内容	检查标准
5.2.1	规范使用医疗保障基金，落实自查自纠。	5.2.1.1 医疗机构建立健全可持续的自查自纠制度与工作流程，落实责任到科室； 5.2.1.2 聚焦重点领域，定期按临床医技科室梳理使用频次高、费用占比大的诊疗服务项目、药品、医用耗材，督促科室持续开展全覆盖自查自纠； 5.2.1.3 定期依据各科室问题，制定整改措施并落实实施，保留整改记录； 5.2.1.4 监管发现参保人员不规范使用医疗保障基金的行为，需及时纠正，并向参保人员宣传相关医保政策； 5.2.1.5 医保管理委员会定期监督考核自查自纠工作落实情况，提出问题，督促业务部门积极整改； 5.2.1.6 自查自纠情况持续改进有效，通过数据、案例等方式能体现同类违规情形有所减少。

6. 执行实名就医和购药管理规定，核验参保人员医疗保障凭证，按照诊疗规范提供合理、必要的医药服务，向参保人员如实出具费用单据和相关资料，不得分解住院、挂床住院，不得违反诊疗规范过度诊疗、过度检查、分解处方、超量开药、重复开药，不得重复收费、超标准收费、分解项目收费，不得串换药品、医用耗材、诊疗项目和服务设施，不得诱导、协助他人冒名或者虚假就医、购药。除急诊、抢救等特殊情形外，提供医疗保障基金支付范围以外的医药服务的，应当经参保人员或者其近亲属、监护人同意。

6.1 确定患者身份，即执行实名就医和购药的管理规定。

款号	检查内容	检查标准
6.1.1	执行实名就医和购药管理规定，核验参保人员有效身份凭证。	**6.1.1.1** 机构内部医保相关管理制度有关于"执行实名就医和购药管理规定，核验参保人员有效身份凭证"的管理规范，建立定期抽检制度； **6.1.1.2** 信息系统有关于人证相符的信息核对机制； **6.1.1.3** 职能部门定期实施人证相符的抽查工作，并有记录； **6.1.1.4** 职能部门将检查结果交给临床科室，落实整改； **6.1.1.5** 无相关举报事件。

6.2 提供合理的、必要的医药服务，根据患者的疾病性质和病情的严重程度，选择有针对性的药物和剂量；根据患者病情变化、疗效和不良反应等，及时修订和完善原定方案；根据不同患者的身体情况及病情，进行不同的治疗。

款号	检查内容	检查标准
6.2.1	根据患者的疾病性质和病情的严重程度，选择有针对性的药物和剂量；根据患者病情变化、疗效和不良反应等，及时修订和完善原定方案。	**6.2.1.1** 有合理用药的相关管理制度，对选择合理、必要的药品，以及根据患者病情变化、药品疗效和不良反应及时修订和完善原治疗方案等作出明确规定； **6.2.1.2** 药品使用合理，临床使用与药品说明书、"临床诊疗指南"及"临床路径"等相符； **6.2.1.3** 建立临床药师制，临床药师开展药学查房、医嘱重整、药学监护、病例讨论，参加院内疑难重症会诊和危重患者救治，工作记录完整。

（续上表）

款号	检查内容	检查标准
6.2.1	根据患者的疾病性质和病情的严重程度，选择有针对性的药物和剂量；根据患者病情变化、疗效和不良反应等，及时修订和完善原定方案。	6.2.1.4　临床科室对合理用药情况定期自查、总结、分析，对存在问题进行整改； 6.2.1.5　职能部门定期督导检查、分析、反馈，并检查科室整改落实情况； 6.2.1.6　有数据、案例体现改进效果或形成新制度、规范、流程、举措等。
6.2.2	通过处方审核以及点评等制度检查本医疗机构的医疗保障基金使用情况，发现问题及时纠正。	6.2.2.1　有处方点评和处方审核管理制度、流程，相关人员知晓并执行； 6.2.2.2　有适宜的合理用药监控软件系统，开展收费前（或流转前）处方/医嘱审核、干预； 6.2.2.3　依据《处方管理办法》和《医疗机构处方审核规范》开展处方点评和审核工作，对不合理用药进行有效干预和反馈，及时与医生沟通，记录完整； 6.2.2.4　药学部对处方审核、不合理处方干预等管理情况自查、总结、分析，对存在问题进行整改； 6.2.2.5　职能部门定期督导检查、分析、反馈，并检查科室整改落实情况； 6.2.2.6　持续改进有效，通过数据、案例等方式能体现该违规情形有所减少； 6.2.2.7　能够根据政策变动和医院实际，不断完善内部管理制度与工作流程。

　　6.3　保证患者及家属的知情权：在提供医保基金支付范围以外的医药服务时，应该征得参保人员或其近亲属、监护人的同意，保障参保人员接受医药服务的知情权。急诊、抢救等紧急情况作为例外情况。提供医药服务后应当向参保人员如实出具费用单据和相关资料等，保障参保人员的合法权益。

款号	检查内容	检查标准
6.3.1	制定院内自费告知工作流程，严格执行参保患者自费知情同意。	6.3.1.1　维护参保人员的权益，提供基本医疗保障相关信息； 6.3.1.2　对医务人员进行维护患者合法权益、知情同意以及告知方面培训，并有培训记录； 6.3.1.3　医务人员掌握告知技巧，采用患者易懂的方式进行医患沟通； 6.3.1.4　除急诊、抢救等特殊情形外，对于医疗保障服务范围外的诊疗项目应事先征得参保人员或者其近亲属、监护人的知情同意； 6.3.1.5　不得将符合医疗、生育保险医疗服务支付范围内的医疗费用按自费进行结算； 6.3.1.6　参保人员或者其近亲属、监护人对医务人员的自费告知情况能充分理解并在病历中体现； 6.3.1.7　医保管理部门对上述工作进行督导、检查、总结、反馈，有改进措施和相关记录； 6.3.1.8　持续改进参保人员权益服务有成效，通过数据、案例等方式能体现患者知情权有所提升，相关方面投诉减少。

6.4　不得分解住院、挂床住院。

款号	检查内容	检查标准
6.4.1	严格掌握出入院指征，不得分解住院。	6.4.1.1　机构内部医保相关管理制度、奖惩制度等文件中有关于"分解住院"违规行为的管理规范； 6.4.1.2　严格执行《广东省基本医疗保险诊疗常规》，根据本地医保管理要求，制订"分解住院"检查计划和信息系统提醒功能，定期开展"分解住院"违规行为的自查，并下发临床科室执行； 6.4.1.3　医务管理部门定期开展临床技能培训，医保管理部门定期开展医保知识培训并有相关记录，临床科室医保管理人员及时上传下达政策文件及工作要求； 6.4.1.4　医保管理制度或其他管理制度中不得包含限制患者住院时间等相关内容，不得以医保支付政策为由分解住院； 6.4.1.5　临床科室定期开展自查，并有相关记录；

（续上表）

款号	检查内容	检查标准
6.4.1	严格掌握出入院指征，不得分解住院。	**6.4.1.6** 医保管理部门定期向临床科室公布"分解住院"违规行为的检查结果，提供相关考核和整改记录； **6.4.1.7** 持续改进有效，通过数据、案例等方式能体现分解住院情况基本杜绝； **6.4.1.8** 能够根据政策变动和医院实际，不断完善内部管理制度与工作流程。
6.4.2	按照诊疗规范提供必要的医药服务，不得挂床住院。	**6.4.2.1** 严格执行《广东省基本医疗保险诊疗常规》，建立挂床住院的监管措施，定期开展医保查房； **6.4.2.2** 建立病房管理制度，落实参保患者住院期间的在院管理，不得住院期间长时间离开医院； **6.4.2.3** 本单位工作人员不得在未请病假的情况下办理住院； **6.4.2.4** 临床科室不得未面见患者即办理住院手续； **6.4.2.5** 临床科室定期开展自查，并有相关记录； **6.4.2.6** 医保管理部门定期向临床科室公布"挂床住院"违规行为的检查结果，提供相关整改记录； **6.4.2.7** 持续改进有效，通过数据、案例等方式能体现挂床住院情况基本杜绝； **6.4.2.8** 能够根据政策变动和医院实际，不断完善内部管理制度与工作流程。

6.5 不得违反诊疗规范过度诊疗、过度检查、分解处方、超量开药、重复开药。

款号	检查内容	检查标准
6.5.1	按照诊疗规范提供合理、必要的诊疗服务，不得违反诊疗规范过度诊疗、过度检查。	**6.5.1.1** 严格遵循临床检验、影像学检查、腔镜检查、各种功能检查、电生理、病理等各种检查项目的适应症，并明确排除禁忌症； **6.5.1.2** 职能部门制订违反诊疗规范过度诊疗、过度检查自查计划，并下发临床科室执行； **6.5.1.3** 职能部门向临床科室公布"过度诊疗、过度检查"违规行为的检查结果，提供相关整改记录； **6.5.1.4** 通过数据、案例等方式能体现违反诊疗规范过度诊疗、过度检查情况有所减少； **6.5.1.5** 结合医院实际情况，不断完善内部管理制度与工作流程。

（续上表）

款号	检查内容	检查标准
6.5.2	按照诊疗规范开具合理、必要的药品，不得分解处方。	**6.5.2.1** 培训通过率达 100%，使医务人员掌握并严格遵循岗位相关规范和指南开展医疗工作，定期考核； **6.5.2.2** 药品处方可查及药物的剂量； **6.5.2.3** 信息系统有关于"分解处方"的预警提示设置； **6.5.2.4** 临床医生和药师通过信息系统了解患者既往用药情况，确保本次处方合理； **6.5.2.5** 依照《处方管理办法》等有关规定，规范开展处方审核和处方点评，对不规范处方、用药不适宜处方进行有效干预，及时与医生沟通； **6.5.2.6** 职能部门定期向临床科室公布分解处方违规行为的检查结果，提供相关整改记录； **6.5.2.7** 通过案例、数据等方式能体现分解处方情况有所减少； **6.5.2.8** 能够根据政策变动和医院实际，不断完善内部管理制度与工作流程。
6.5.3	依据患者病情开具必要的药品处方，不得超量开药、重复开药。	**6.5.3.1** 信息系统有关于药品剂量的限制，相似药理学性质的药品重复开具、超量开具的提醒等设置； **6.5.3.2** 临床医生和药师通过信息系统了解患者既往用药情况，确保本次处方合理；医师开具处方时尽可能选择适宜剂型、规格或可拆零计费的药品，减少结余药品的产生； **6.5.3.3** 依照《处方管理办法》等有关规定，规范开展处方审核和处方点评，制订药理学相似药品的定期统计、公示计划，并落实科室执行； **6.5.3.4** 绩效管理制度不得鼓励临床医生通过开具处方获取奖金； **6.5.3.5** 职能部门定期向临床科室公布超量开药、重复开药违规行为的检查结果，提供相关整改记录； **6.5.3.6** 职能部门定期公布涉及超量开药、重复开药的药品品种品类统计情况，建立多部门协调管理机制； **6.5.3.7** 持续改进有效，通过数据、案例等方式能体现超量开药、重复开药情况有所减少； **6.5.3.8** 能够根据政策变动和医院实际，不断完善内部管理制度与工作流程。

（续上表）

款号	检查内容	检查标准
6.5.4	遵照医用耗材使用说明书、技术操作规程等，促进临床合理使用医用耗材。	**6.5.4.1** 加强对医用耗材遴选和采购管理，应当由使用科室或部门组织对医用耗材使用的必要性、可行性以及安全保障措施进行论证； **6.5.4.2** 加强对医用耗材使用人员培训，提高其医用耗材使用能力和水平，在新医用耗材临床使用前，应当对相关人员进行培训； **6.5.4.3** 将拟使用的植入性医用耗材情况纳入术前讨论，包括拟使用医用耗材的必要性、可行性和经济性等； **6.5.4.4** 使用安全风险程度较高的医用耗材时，应当与患者进行充分沟通，告知可能存在的风险； **6.5.4.5** 职能部门定期检查医用耗材的术前讨论及相关医学文书的完整性，提供相关整改记录； **6.5.4.6** 医保管理部门定期向临床科室公布"提供其他不必要的医用耗材"违规行为的检查结果，提供相关整改记录； **6.5.4.7** 持续改进有效，通过数据、案例等方式能体现违反诊疗规范提供其他不必要的医用耗材情况有所减少； **6.5.4.8** 能够根据政策变动和医院实际，不断完善内部管理制度与工作流程。

6.6 不得重复收费、超标准收费、分解项目收费。

款号	检查内容	检查标准
6.6.1	规范内部价格行为管理，不得重复收费、超标准收费、分解项目收费。	**6.6.1.1** 机构内部医保相关管理制度、奖惩制度等文件中有关于"重复收费、超标准收费、分解项目收费"违规行为的管理规范； **6.6.1.2** 有价格投诉处置机制和处理程序，有专人负责价格投诉处置工作，处理及时； **6.6.1.3** 职能部门制订重复收费、超标准收费、分解项目收费自查计划，并下发临床科室执行； **6.6.1.4** 职能部门定期开展收费规范性检查，公布收费规范性行为的检查结果，提供相关整改记录； **6.6.1.5** 持续改进有效，通过数据、案例等方式能体现不规范收费情况有所减少； **6.6.1.6** 能够根据政策变动和医院实际，不断完善内部管理制度与工作流程。

6.7 不得串换药品、医用耗材、诊疗项目和服务设施。

款号	检查内容	检查标准
6.7.1	建立完善的医保医药服务信息管理系统，及时准确维护编码，不得串换医药服务项目。	**6.7.1.1** 机构内部医保相关管理制度、奖惩制度等文件中有关于"串换药品、医用耗材、诊疗项目和服务设施"违规行为的管理规范； **6.7.1.2** 完善药品、医用耗材、诊疗项目和服务设施信息管理系统，及时、准确维护编码，并及时与本地医保信息接口对接，按要求完成国家医保信息业务编码标准数据库动态维护； **6.7.1.3** 职能部门制订"串换药品、医用耗材、诊疗项目和服务设施"自查计划，并培训、下发临床科室执行，有相关记录； **6.7.1.4** 药库和调剂室有发药核对制度，有药品进、销、存实时管理系统，实行药品定额和数量化管理，包括药品账目和统计等； **6.7.1.5** 职能部门定期向临床科室公布"串换药品、医用耗材、诊疗项目和服务设施"违规行为的检查结果，提供相关整改记录； **6.7.1.6** 能够根据政策变动和医院实际，不断完善内部管理制度与工作流程。
6.7.2	完善药品管理信息系统，加强药品进销存管理，不得串换药品。	**6.7.2.1** 患者就诊前和正在使用的所有处方及医嘱用药应在病历中记录，护理人员对患者的每次给药均应记录，所有的用药信息在出院或转院时归入其病历留存； **6.7.2.2** 针对相关信息管理系统操作进行培训，针对"串换药品"违规行为进行培训； **6.7.2.3** 根据国家有关规定调整价格，准确维护药品价格数据库信息； **6.7.2.4** 职能部门定期开展药品、医用耗材、检验试剂进、销、存账目核对，并有相关记录； **6.7.2.5** 职能部门制订医保药品分类与代码的自查计划并执行，公布检查结果，提供相关整改记录； **6.7.2.6** 管理医保药品目录完整并及时调整更新，通过数据、案例等方式能体现串换药品情况有所减少。

（续上表）

款号	检查内容	检查标准
6.7.3	完善医用耗材管理信息系统，加强进销存管理，不得串换医用耗材。	**6.7.3.1** 及时按照国家医保局制定的医用耗材分类与代码数据库做好更新，提高医用耗材代码应用的准确性、规范性，实现医用耗材代码采购、代码使用、代码结算、代码监管； **6.7.3.2** 按要求完成国家医保信息业务编码标准数据库动态维护； **6.7.3.3** 按相关规定在病历中记录医用耗材的使用情况，包括但不限于手术记录、护理记录、麻醉记录、影像学资料、条形码等； **6.7.3.4** 职能部门制订医保医用耗材分类与代码的自查计划并执行，公布检查结果，提供相关整改记录； **6.7.3.5** 管理医保医用耗材目录完整并及时调整更新，通过数据、案例等方式能体现串换医用耗材情况有所减少。
6.7.4	建立检验检查试剂、设备管理制度，及时维护信息系统，不得串换检验检查项目。	**6.7.4.1** 按相关规定完善检验试剂进销存管理，建立严格的检验试剂审批、采购、领取、使用和登记手续； **6.7.4.2** 职能部门定期自查检验检查项目编码、内涵、相应仪器设备、检验试剂对应相符情况； **6.7.4.3** 职能部门制订检验检查项目分类与医保代码的自查计划并执行，公布检查结果，提供相关整改记录； **6.7.4.4** 职能部门自查同一检验项目的不同检验方法、同类检查项目、高价格检验检查项目的串换行为，公布检查结果，提供相关整改记录； **6.7.4.5** 管理信息代码完整并及时调整更新，通过数据、案例等方式能体现串换情况有所减少。
6.7.5	完整记录手术操作、治疗项目的病案内容，不得串换手术治疗项目。	**6.7.5.1** 及时、准确维护医保手术操作、治疗项目分类与代码； **6.7.5.2** 严格按照病历书写与管理规范，及时如实书写病历、手术操作、治疗记录等，不得遗漏； **6.7.5.3** 临床科室加强临床操作与收费项目的核对； **6.7.5.4** 职能部门制订手术操作、治疗项目与病案记录的一致性自查计划； **6.7.5.5** 职能部门自查串换手术、治疗项目，公布检查结果，提供相关整改记录； **6.7.5.6** 管理信息代码完整并及时调整更新，通过数据、案例等方式能体现串换情况有所减少。

（续上表）

款号	检查内容	检查标准
6.7.6	加强医疗服务项目内涵管理，不得串换服务设施。	**6.7.6.1** 按相关规定严格执行服务设施的审批、备案、定期巡检； **6.7.6.2** 职能部门定期检查服务设施与医疗服务项目收费内涵对应一致； **6.7.6.3** 收费人员熟悉医疗服务项目内涵和收费标准，合理、准确收费； **6.7.6.4** 职能部门自查串换服务设施，公布检查结果，提供相关整改记录； **6.7.6.5** 管理信息代码完整并及时调整更新，通过数据、案例等方式能体现串换情况有所减少。

6.8 不得诱导、协助他人冒名或者虚假就医、购药。

款号	检查内容	检查标准
6.8.1	保障基金安全，不得诱导、协助他人冒名或者虚假就医、购药。	**6.8.1.1** 医保管理部门建立骗保行为举报和诚信机制，有畅通的举报渠道； **6.8.1.2** 医保管理部门制订"诱导、协助他人冒名或者虚假就医、购药"自查计划，并下发临床科室执行； **6.8.1.3** 奖惩制度等文件中有关于"诱导、协助他人冒名或者虚假就医、购药"违规行为的管理规范，并建立科主任负责制； **6.8.1.4** 定期开展自查，信息系统实时监控，并有相关记录； **6.8.1.5** 定期向临床科室公布诱导、协助他人冒名或者虚假就医、购药骗保行为的检查结果，提供相关整改记录； **6.8.1.6** 医保管理部门及时处理举报，并有处理结果； **6.8.1.7** 持续改进有效，通过数据、案例等方式能体现此类骗保行为基本杜绝。

7. 定点医药机构应当按照规定保管财务账目、会计凭证、处方、病历、治疗检查记录、费用明细、药品和医用耗材出入库记录等资料，及时通过医疗保障信息系统全面准确传送医疗保障基金使用有关数据，向医疗保障行政部门报告医疗保障基金使用监督管理所需信息，向社会公开医药费用、费用结构等信息，接受社会监督。

7.1 资料保存：按相关规定，完整保存财务账目、会计凭证、处方、病历、治疗检查记录、费用明细、药品和医用耗材出入库记录等资料。

款号	检查内容	检查标准
7.1.1	严格按照相关法律规定保管财务账目和会计凭证制度，完善资料保管。	**7.1.1.1** 严格按照《会计档案管理办法》等相关法律规定保管财务账目、会计凭证，制定各类资料保管制度； **7.1.1.2** 按相关规定制定财务账目、会计凭证的保管期并执行； **7.1.1.3** 相关职能部门应当对电子会计档案的准确性、完整性、可用性、安全性进行检测； **7.1.1.4** 能够根据医保行政部门、医保经办机构工作要求，完整、准确提供财务账目、会计凭证等材料； **7.1.1.5** 根据政策法规及时更新会计资料保管的制度文件，不断优化工作流程。
7.1.2	严格按照相关法律规定保管处方、病历、治疗检查记录、费用明细。	**7.1.2.1** 严格执行《医疗机构病历管理规定》，制定院内病历管理规范细则，按要求保管门诊、住院病历； **7.1.2.2** 严格执行《处方管理办法》，制定院内处方保管制度并执行； **7.1.2.3** 制定院内治疗检查记录、费用明细的保管制度并执行； **7.1.2.4** 病案查阅、借阅和归档期限有明确的规定，针对未归档病案有催还记录； **7.1.2.5** 职能部门建立上述管理制度的定期检查、评估与反馈机制并执行，针对检查问题有整改记录； **7.1.2.6** 根据政策法规及时更新资料保管的制度文件，不断优化工作流程。

（续上表）

款号	检查内容	检查标准
7.1.3	严格按照相关法律规定保管药品和医用耗材出入库记录等资料。	**7.1.3.1** 建立完整的药品、医用耗材出入库台账管理信息系统； **7.1.3.2** 制定科学规范的药品和医用耗材出入库管理流程，明确计划编制、审批、取得、验收入库、付款、仓储保管、领用发出与处置等环节的控制要求； **7.1.3.3** 职能部门定期对药品和医用耗材进行盘点、清理，出入库台账清晰、账物相符； **7.1.3.4** 职能部门建立上述管理制度的定期检查、评估与反馈机制并执行，针对检查问题有整改记录； **7.1.3.5** 根据政策法规及时更新资料保管的制度文件，不断优化工作流程。

7.2 数据传输：按相关规定，及时配合医保经办机构完成医保结算系统，医保智能监管子系统，医生工作（护理）站，药品、医疗器材、试剂等购销存管理系统的数据传输。

款号	检查内容	检查标准
7.2.1	按规定及时通过医保信息系统，全面准确传送医保基金使用有关数据。	**7.2.1.1** 及时完成医保待遇、结算等端口改造，保持医院信息系统与医保信息系统有效对接，并对医保相关设备、信息系统进行日常维护； **7.2.1.2** 按期完成医保信息业务编码贯标工作，维护机构、人员、三大目录的信息完整准确； **7.2.1.3** 按相关规定，及时配合医保经办机构完成医保结算系统，医保智能监管子系统，医生工作（护理）站，药品、医疗器材、试剂等购销存管理系统的数据传输，保证内容真实、准确、完整； **7.2.1.4** 做好医保信息系统安全保障，遵守数据安全制度，保护参保人员隐私； **7.2.1.5** 制定信息系统故障时的应急管理制度和工作流程，每年至少完成一次全院性信息系统故障应急演练，有相关记录；

（续上表）

款号	检查内容	检查标准
7.2.1	按规定及时通过医保信息系统，全面准确传送医保基金使用有关数据。	7.2.1.6 医保管理部门对上述工作进行督导、检查、总结、反馈，有改进措施和相关记录； 7.2.1.7 持续改进有效，医院信息系统与医保信息系统有效对接； 7.2.1.8 由医保行政管理部门公布的医保结算清单上传率和上传质量指标不断提升。

7.3 信息报告：报告经营活动情况、基本资源信息、收入支出等信息。

款号	检查内容	检查标准
7.3.1	按规定向医保管理部门报告经营活动情况、基本资源信息、收入支出等信息。	7.3.1.1 医疗机构按月结账； 7.3.1.2 医疗机构按月出具财务报告； 7.3.1.3 医疗机构能定期进行财务分析； 7.3.1.4 及时报送医保基金使用监督管理所需信息，保证内容真实、准确、完整； 7.3.1.5 根据医保行政部门反馈，信息报告的准确性、及时性不断提升。

7.4 信息公开：向社会公开医药费用、费用结构等信息。

款号	检查内容	检查标准
7.4.1	按规定向社会公开医药费用、费用结构等信息，接受社会监督。	7.4.1.1 医疗机构在院内公布常用药品和主要医疗服务价格标准； 7.4.1.2 参保人员通过互联网等形式获得常用药品和主要医疗服务价格标准； 7.4.1.3 向参保人员提供费用结算单据和相关资料； 7.4.1.4 因医疗服务价格不透明造成参保人员向属地管理部门有效投诉率低于0.3‰； 7.4.1.5 医保管理部门对上述工作进行督导、检查、总结、反馈，有改进措施和相关记录； 7.4.1.6 持续更新物价收费政策，不断提升患者知情同意相关满意度，相关投诉率减少。

8. 在医疗保障基金使用过程中，定点医疗机构及其工作人员不得收受贿赂或者取得其他非法收入。

8.1　廉洁自律，不得收受贿赂或者取得其他非法收入。

款号	检查内容	检查标准
8.1.1	廉洁自律，不得收受贿赂或者取得其他非法收入。	8.1.1.1　落实《医疗机构工作人员廉政从业九项准则》，有廉洁自律的工作规范和相关制度，并落实； 8.1.1.2　对全体员工尤其是医疗保障基金使用重点部门、重点人员进行廉洁自律及警示教育，有廉洁自律工作的自查； 8.1.1.3　有重点岗位、重点人员轮岗机制，并落实； 8.1.1.4　有措施并落实廉洁自律行为； 8.1.1.5　职能部门对上述工作进行督导、检查、总结、分析、反馈，有改进措施和相关记录； 8.1.1.6　有数据或案例体现改进效果，或形成新制度、规范、流程、举措等； 8.1.1.7　医院医疗保障信用评价达到 A 级。

9. 不得为参保人员利用其享受医疗保障待遇的机会转卖药品，接受返还现金、实物或者获得其他非法利益提供便利。

9.1　规范处方管理，不得为参保人员利用其享受医疗保障待遇的机会转卖药品，接受返还现金、实物或者获得其他非法利益提供便利。

款号	检查内容	检查标准
9.1.1	核查患者病史及用药情况，合理开具处方，主动规避药品二次销售风险。	9.1.1.1　机构内部医保相关管理制度、奖惩制度等文件中有关于"为参保人员利用其享受医疗保障待遇的机会转卖药品，接受返还现金、实物或者获得其他非法利益提供便利"违规行为的管理规范，并建立临床科室的科主任责任制； 9.1.1.2　开展关于"为参保人员利用其享受医疗保障待遇的机会转卖药品，接受返还现金、实物或者获得其他非法利益提供便利"的宣传培训，解释违规行为内涵和典型案例；

（续上表）

款号	检查内容	检查标准
9.1.1	核查患者病史及用药情况，合理开具处方，主动规避药品二次销售风险。	9.1.1.3　有完善的药品管理计算机软件系统，并及时与本地医保信息接口对接、维护； 9.1.1.4　有适宜的合理用药监控软件系统，能为医保处方审核提供技术支持，并定期更新； 9.1.1.5　医保管理部门建立举报和诚信机制，有畅通的举报渠道； 9.1.1.6　职能部门定期开展医保处方审核，将疑似违规处方提交相关职能部门进一步检查，并有相关记录； 9.1.1.7　医保管理部门定期向临床科室公布"为参保人员利用其享受医疗保障待遇的机会转卖药品，接受返还现金、实物或者获得其他非法利益提供便利"违规行为的检查结果，提供相关整改记录； 9.1.1.8　持续改进有效，通过数据、案例等方式能体现医院无此类违规情形； 9.1.1.9　能够根据政策变动和医院实际，不断完善内部管理制度与工作流程。

10. 定点医疗机构及其工作人员不得通过伪造、变造、隐匿、涂改、销毁医学文书、医学证明、会计凭证、电子信息等有关资料，或者虚构医药服务项目等方式，骗取医疗保障基金。

10.1　不得通过提供虚假证明材料，或者串通他人虚开费用单据等方式，骗取医疗保障基金。

款号	检查内容	检查标准
10.1.1	按相关规定提供真实有效的证明材料。	10.1.1.1　建立健全证明材料的分级、分类管理制度，强化开具相关证明材料的授权管理； 10.1.1.2　严格落实证章分离的管理要求，明确每种证明材料的专用印章，强化用章审核管理； 10.1.1.3　在机构层面建立统一编号和留存备份机制；

（续上表）

款号	检查内容	检查标准
10.1.1	按相关规定提供真实有效的证明材料。	10.1.1.4 规范本机构医师开具证明材料的行为，不得向未在本机构就诊的人员开具证明材料，不得出具虚假证明以及与医师执业范围无关或者与执业类别不相符的证明材料； 10.1.1.5 职能部门定期抽查证明材料真实性，并有记录； 10.1.1.6 持续改进有效，通过数据、案例等方式能体现医师提供虚假证明材料的情况基本杜绝，无相关举报事件； 10.1.1.7 能够根据政策变动和医院实际，不断完善内部管理制度与工作流程。
10.1.2	记录参保人员就诊费用明细，如实开具费用单据。	10.1.2.1 临床医务人员根据患者病情合理诊疗，如实记录治疗相关费用； 10.1.2.2 财务部门按实际开展的医疗服务项目出具费用单据； 10.1.2.3 信息系统有关于费用单据真实性的核验机制； 10.1.2.4 职能部门定期抽查费用单据真实性，并有记录； 10.1.2.5 持续改进有效，通过数据、案例等方式能体现费用单据内部控制措施能有效防止串通他人虚开费用单据的情况； 10.1.2.6 能够根据医院实际，不断完善内部管理制度与工作流程。

10.2 不得通过伪造、变造、隐匿、涂改、销毁医学文书、医学证明、会计凭证、电子信息等有关资料等方式，骗取医疗保障基金。

款号	检查内容	检查标准
10.2.1	按诊疗事实书写医学文书、医学证明，按照规定保管医学文书、医学证明。	10.2.1.1 建立健全医疗文书管理制度，强化开具相关医疗文书、医学证明的授权管理； 10.2.1.2 严格落实证章分离的管理要求，明确每种医疗文书、医学证明的专用印章，强化用章审核管理； 10.2.1.3 在机构层面建立统一编号和留存备份机制。

（续上表）

款号	检查内容	检查标准
10.2.1	按诊疗事实书写医学文书、医学证明，按照规定保管医学文书、医学证明。	10.2.1.4　医疗文书填写内容应当具体、真实、合理、清楚、规范，符合本机构相关医疗文书、医学证明的开具常规，并有相应的诊断治疗依据； 10.2.1.5　规范本机构医师开具医疗文书、医学证明的行为，不得向未在本机构就诊的人员开具医疗文书、医学证明，不得出具虚假医疗文书以及与医师执业范围无关或者与执业类别不相符的医疗文书、医学证明； 10.2.1.6　对不符合管理要求的医学文书、医学证明不予用章，且不得在空白医疗文书上盖章； 10.2.1.7　加强废弃或空白医疗文书管理，及时回收销毁相关医疗文书、医学证明，防止废弃或空白医疗文书流出机构； 10.2.1.8　建立责任追究机制，对违反规定开具医疗文书、医学证明的行为进行责任追究，开具医疗文书及用章人员均对医疗文书内容承担相应责任； 10.2.1.9　临床科室定期开展自查，并有相关记录； 10.2.1.10　医保管理部门定期向临床科室公布"伪造、变造、隐匿、涂改、销毁医学文书、医学证明"骗保行为的检查结果，提供相关整改记录； 10.2.1.11　医保管理部门及时处理举报，并有处理结果； 10.2.1.12　持续改进有效，通过数据、案例等方式能体现医学文书、医学证明管理规范性提升，无相关举报事件。
10.2.2	符合国家统一的会计制度规定，按要求保管会计凭证。	10.2.2.1　依照有关法律、行政法规的规定，接受有关监督检查部门依法实施的监督检查，如实提供会计凭证、会计账簿、财务会计报告和其他会计资料以及有关情况，不得拒绝、隐匿、谎报； 10.2.2.2　不得以任何方式授意、指使、强令会计机构、会计人员伪造、变造会计凭证、会计账簿和其他会计资料，提供虚假财务会计报告；

（续上表）

款号	检查内容	检查标准
10.2.2	符合国家统一的会计制度规定，按要求保管会计凭证。	10.2.2.3　严格执行会计档案管理办法，会计凭证经查验合法、真实； 10.2.2.4　职能部门定期检查会计相关凭证并有记录，针对问题提供相关整改记录； 10.2.2.5　医保管理部门及时处理举报，并有处理结果； 10.2.2.6　持续改进有效，通过数据、案例等方式能体现会计凭证管理规范性提升，无相关举报事件； 10.2.2.7　能够根据政策变动和医院实际，不断完善内部管理制度与工作流程。
10.2.3	建立电子信息管理系统，按规定如实记录、保管电子信息。	10.2.3.1　有临床信息系统，建立基于电子病历的医院信息平台及医疗质量控制、安全管理信息数据库，有数据库管理制度，相关人员知晓并执行； 10.2.3.2　严格落实国家有关法律法规以及电子信息分类编码、管理与应用相关规定，建立门急诊及住院电子病历规范书写、管理和质量控制制度； 10.2.3.3　有符合《电子病历应用管理规范（试行）》的电子病历系统，对电子病历的建立、记录、修改、使用、存储、传输、质控、安全等级保护等有管理制度； 10.2.3.4　保障电子信息资料安全，电子病历内容记录与修改信息可追溯； 10.2.3.5　有医保结算清单质量考评标准及具体措施，保障医保结算清单内容填写完整、准确； 10.2.3.6　医保管理部门定期向临床科室公布"伪造、变造、隐匿、涂改、销毁电子信息"骗保行为的检查结果，提供相关整改记录； 10.2.3.7　医保管理部门及时处理举报，并有处理结果； 10.2.3.8　有数据、案例体现改进效果或形成新制度、规范、流程、举措等。

10.3 不得通过虚构医药服务项目等方式，骗取医疗保障基金。

款号	检查内容	检查标准
10.3.1	依法依规为参保人员提供医疗服务后获得医保结算，不得虚构医药服务项目。	10.3.1.1 医保管理部门制订"虚构医药服务项目"自查计划，并下发临床科室执行； 10.3.1.2 机构内部相关管理制度有关于医保医药服务项目和物价的管理规定，奖惩制度等文件中有关于"虚构医药服务项目"违规行为的管理规范，并建立科主任负责制； 10.3.1.3 临床科室定期开展自查，信息系统实时监控，并有相关记录； 10.3.1.4 医保管理部门定期向临床科室公布虚构医药服务项目的检查结果，提供相关整改记录； 10.3.1.5 医保管理部门及时处理举报，并有处理结果； 10.3.1.6 持续改进有效，通过数据、案例等方式能体现此类骗保行为基本杜绝，无相关举报事件； 10.3.1.7 能够根据医院实际，不断完善内部管理制度与工作流程。
10.3.2	执行检验检查项目并及时出具报告，不得虚构检验检查项目。	10.3.2.1 严格执行医嘱的核对工作流程； 10.3.2.2 信息系统有关于检验检查项目执行情况的信息核对机制； 10.3.2.3 检验检查科室定期开展自查，并有相关记录； 10.3.2.4 职能部门定期核对检验检查设备功能、项目内涵、项目报告相符情况，并有相关记录； 10.3.2.5 持续改进有效，通过数据、案例等方式能体现虚构检验检查项目基本杜绝，无相关举报事件； 10.3.2.6 能够根据政策变动和医院实际，不断完善内部管理制度与工作流程。

（续上表）

款号	检查内容	检查标准
10.3.3	真实、完整记录手术、治疗项目病案记录，不得虚构手术、治疗项目。	10.3.3.1 建立虚构手术、治疗项目的监督机制，定期开展手术、治疗类项目医嘱、手术记录、护理记录、麻醉记录等病案资料的核对抽查工作，并有相关记录； 10.3.3.2 定期自查治疗项目时长是否符合医生出诊、病案记录的时间逻辑，并有相关记录； 10.3.3.3 定期自查手术、治疗项目的资质授权与考核情况，并有相关记录； 10.3.3.4 信息系统有关于手术、治疗类项目执行情况的信息核对机制； 10.3.3.5 职能部门定期检查，总结分析、落实整改； 10.3.3.6 信息系统实时监控，并有相关记录； 10.3.3.7 持续改进有效，通过数据、案例等方式能体现虚构手术、治疗项目基本杜绝，无相关举报事件； 10.3.3.8 能够根据政策变动和医院实际，不断完善内部管理制度与工作流程。
10.3.4	执行医嘱或处方，核对药品使用过程，定期盘点、账实相符，不得虚构医保药品。	10.3.4.1 严格执行处方/医嘱的核对工作流程； 10.3.4.2 机构内部相关管理制度有关于医保药品和物价的管理规定，奖惩制度等文件中有关于"虚构药品"违规行为的管理规范，并建立科主任负责制； 10.3.4.3 有药品贮存管理制度，定期对库存药品进行养护和质量检查，定期盘点、账实相符； 10.3.4.4 药库管理由药学专业人员负责，科室或病区备用药品指定专人管理，执行药品有效期管理相关制度与处理流程，有质量控制措施和记录； 10.3.4.5 对药品使用和库存情况有定期自查、总结分析、整改； 10.3.4.6 药品采购、入库、出库、使用、计费、支付、结算等流程实现信息化，并有相关记录； 10.3.4.7 持续改进有效，通过数据、案例等方式能体现虚构药品情况基本杜绝，无相关举报事件； 10.3.4.8 能够根据政策变动和医院实际，不断完善内部管理制度与工作流程。

（续上表）

款号	检查内容	检查标准
10.3.5	真实使用医用耗材，按规定对医用耗材使用情况进行记录，不得虚构医用耗材。	10.3.5.1　通过加强医疗管理，落实国家医疗管理制度、诊疗指南、技术操作规范，遵照医用耗材使用说明书、技术操作规程等，促进临床合理使用医用耗材； 10.3.5.2　对医用耗材临床使用实施分级分类管理； 10.3.5.3　负责对医用耗材的临床使用进行监测，对重点科室的重点医用耗材进行监控分析； 10.3.5.4　对医用耗材使用和库存情况有定期自查、总结分析、整改； 10.3.5.5　信息系统实时监控，并有相关记录； 10.3.5.6　持续改进有效，通过数据、案例等方式能体现虚构医用耗材的情形基本杜绝，无相关举报事件； 10.3.5.7　能够根据政策变动和医院实际，不断完善内部管理制度与工作流程。

11. 医疗保障基金专款专用，定点医疗机构及其工作人员不得侵占或者挪用。

11.1 医疗保障基金单独建账，单独核算，执行国家统一的会计制度。

款号	检查内容	检查标准
11.1.1	医疗保障基金单独建账，单独核算，执行国家统一的会计制度。	11.1.1.1　医疗保障基金单独建账，单独核算； 11.1.1.2　执行国家统一的会计准则和会计制度； 11.1.1.3　会计核算系统能够提供准确、完整的会计信息及数据，能够按照国家档案行政管理部门规定格式输出电子会计凭证及其元数据，设定经办、审核、审批等必要的审签程序； 11.1.1.4　职能部门定期核查医疗保障基金单独建账、单独核算的落实情况； 11.1.1.5　能够根据政策变动和医院实际，不断完善内部管理制度与工作流程。

11.2 医疗保障基金专款专用，定点医疗机构及其工作人员不得侵占或者挪用。

款号	检查内容	检查标准
11.2.1	医疗保障基金专款专用，定点医疗机构及其工作人员不得侵占或者挪用。	11.2.1.1 医疗保障基金申报及收回设专账核算； 11.2.1.2 医院与医保基金建立定期对账机制； 11.2.1.3 职能部门定期核查侵占或挪用医保基金； 11.2.1.4 无医保基金侵占或挪用情况。

12. 医疗保障行政部门进行监督检查时，被检查对象应当予以配合，如实提供相关资料和信息，不得拒绝、阻碍检查或者谎报、瞒报。

12.1 配合经办机构开展医保费用审核、稽核检查、绩效考核等工作。在监督检查过程中，定点医疗机构及其工作人员应当配合监督检查，不得拒绝检查。

款号	检查内容	检查标准
12.1.1	配合医保等行政部门监督检查，提供完整、真实、有效的相关材料，不得拒绝、阻碍检查或者谎报、瞒报。	12.1.1.1 积极配合医保行政部门的各项检查工作； 12.1.1.2 如实提供监督检查所需的各项资料； 12.1.1.3 对检查结果在医院内部进行通报； 12.1.1.4 医保管理部门对上述工作进行督导、检查、总结、反馈，有改进措施和相关记录； 12.1.1.5 积极配合医保行政部门的各项检查工作，及时完整、如实提供检查所需的各项资料。

13. 对于违规使用医保基金的行为，及时改正，避免造成严重后果。

13.1 及时落实整改工作。

款号	检查内容	检查标准
13.1.1	及时落实整改工作，整改彻底。	13.1.1.1 由医保管理部门牵头，梳理违规使用医保基金行为，确定院内落实整改的主管职能科室，做好分工； 13.1.1.2 各职能科室根据分工，制定整改措施、实施路径、整改时限；

（续上表）

款号	检查内容	检查标准
13.1.1	及时落实整改工作，整改彻底。	**13.1.1.3**　开展相关临床医技科室专场培训，布置开展整改工作，并定期跟进改进效果； **13.1.1.4**　医保管理部门对上述工作进行督导、检查、总结，有相关记录； **13.1.1.5**　医保管理委员会监督整改落实情况； **13.1.1.6**　整改落实到位，同样违规问题基本杜绝。

第四章

定点医疗机构医保基金使用违法违规行为

第一节　骗保行为违规类型

一、诱导、协助他人冒名或者虚假就医、购药，提供虚假证明材料，或者串通他人虚开费用单据

（一）诱导、协助他人冒名或者虚假就医、购药

1. 案例描述

> 👆 **案例一**
>
> 　　叶某，男性，50岁，患有高血压病和椎间盘突出症，需定期前往医院进行保健理疗并在门诊拿药。因频繁复诊，叶某经常为亲友邻居代开药，手里持有二三十张他人医保卡和相关病历材料。于是，叶某请社区卫生服务站医务人员熊某帮忙。熊某碍于熟人情面，利用医务人员的便利身份，协助叶某在8家定点医保医院或社区卫生服务站虚假就医、购药，涉及医保基金51.5万余元。

　　某医院院长张某为提升业绩，找到中间人方某为医院介绍"病人"。双方约定，根据介绍"病人"的数量，按比例给予提成。 从 2017 年 3 月开始，方某以"免费住院体检，奖励米、面、油等物品"为好处，拉拢持有医保卡的"病人"到该医院进行"住院治疗"。 医院安排这些所谓的"病人"住院 3~4 天，进行简单的常规体检，却另行伪造病历、开具用药和治疗医嘱进行医保结算，骗取医保基金，涉案金额 12 万元。

2. 政策依据

　　《条例》第十五条规定：定点医药机构及其工作人员应当执行实名就医和购药管理规定，核验参保人员医疗保障凭证。不得诱导、协助他人冒名或者虚假就医、购药。

（二）提供虚假证明材料

1. 案例描述

案例一

　　某医院医生王某与药贩子孙某相互勾结，孙某日常通过非法招揽参保人员前往医院找王某开具门诊特病证明，王某通过编造虚假病情帮助参保人员办理虚假门诊特病登记，享受门特待遇后开具医保药品，孙某再将药品进行倒卖，从中非法获利，再以一定比例返还王某好处费。 其间王某虚构了 20 余人的门特证明，骗取医保基金 20 000 元。

案例二

　　李某，无业，未参加医保，被诊断为肺癌，需定期服用抗癌药。 其表哥孙某参加农村合作医疗保险，知道该情况后，为减轻李某经济负担，伙同在医院任职肿瘤科医生的亲戚杨某虚开肺癌诊断证明书，并办理门诊大病医疗登记。 成功认定后，孙某每月以大病患者身份开具治疗药品并转卖李某，以此骗取医保基金支出并牟取不法利益。

2. 政策依据

根据全国人民代表大会常务委员会关于《中华人民共和国刑法》第二百六十六条的解释，以欺诈、伪造证明材料或者其他手段骗取养老、医疗、工伤、失业、生育等社会保险金或者其他社会保障待遇的，属于刑法第二百六十六条规定的诈骗公私财物的行为。

《条例》第二十条规定：定点医药机构及其工作人员不得通过伪造、变造、隐匿、涂改、销毁医学文书、医学证明、会计凭证、电子信息等有关资料，或者虚构医药服务项目等方式，骗取医疗保障基金。

（三）串通他人虚开费用单据

1. 案例描述

> 🖐 **案例一**
>
> 　　某地医保局接群众举报，某医院院长刘某指使医院收费员倪某以收费不入账、涂改医药费收据截留大部分金额和以小部分金额入账等方式截留医院患者部分个人自付资金。经办案人员调查后发现，刘某除以上违法行为外，还以医院的名义给医药公司虚开购药发票和凭据，将购药货款支付后再让医药公司"返还"给他。

> 🖐 **案例二**
>
> 　　某医院业务部负责人朱某，采取少收参保患者治疗门槛费或者出院送药品等医疗优惠手段，大量招引省、市参保患者住院，并要求住院部医生在患者医保病种分值范围内尽量多开药，尽量多开化验、检查项目。然后护士将医生所开的药品部分截留下来，并由副院长李某负责取走。获取药品后，李某联系医药公司，在无真实交易的情况下，由医药公司为这些截留的药品开具虚假的普通发票和药品清单。李某再将这些截留的药品重新在医院药房入库，骗取国家医保基金 4 253 947.38 元。

2. 政策依据

《中华人民共和国会计法》第十四条规定：原始凭证记载的各项内容均不得涂改。

《条例》第十五条规定：定点医药机构及其工作人员应当向参保人员如实出具费用单据和相关资料。

二、伪造、变造、隐匿、涂改、销毁医学文书、医学证明、会计凭证、电子信息等有关资料

医学文书、医学证明、会计凭证、电子信息等有关资料是诊断治疗、支付医疗保障基金的重要凭证，主要包括出入院证明、检验报告、护理记录、知情告知书、费用单据等。伪造指仿照真实资料的特征非法制造虚假资料，冒充真实资料的行为。变造指对真实资料采用剪贴、挖补、涂改等方法加工处理，改变真实资料形态的行为。（出自《〈医疗保障基金使用监督管理条例〉释义》[①]，以下简称"《条例释义》"）

1. 案例描述

> **案例一**
>
> 2016 年至 2018 年期间，某民营医院院长荆某为提高业务收入，找关系亲近的内科医生林某，让其找机会为参保住院患者虚假开具 CT 检查医嘱，由放射科医生谢某伪造 CT 检查报告存入病历归档。在年底例行检查中，社保局监督人员发现该院大量住院病历的 CT 检查报告雷同，经复核存在骗保行为，共涉及参保住院患者 1 377 人次，累计金额约 27.63 万元。

> **案例二**
>
> 2020 年，公安部门经侦查发现，某医院内部存在全流程造假的犯罪行为：市场部负责寻找资源拉拢"病人"，本院职工每介绍一个"病人"可获得 300 元提成；病房医生负责虚开、多开药品和诊疗检查项目，伪造病程记录和诊疗经过；检验科负责修改"病人"检验指标数据、编造虚假结果；护理部负责编造护理记录、虚假执行医嘱、虚假计费；财务科按照申报要求负责整理病历资料，申报国家医保资金。诈骗所得除用于医院日常运行成本外，全部用于股东分红、市场部提成，涉案金额高达 1 100 万元。

[①] 施子海，王振江.《医疗保障基金使用监督管理条例》释义. 北京：中国民主法制出版社，2021.

2. 政策依据

《条例》第二十条规定：医疗保障经办机构、定点医药机构等单位及其工作人员和参保人员等人员不得通过伪造、变造、隐匿、涂改、销毁医学文书、医学证明、会计凭证、电子信息等有关资料等方式，骗取医疗保障基金。

三、虚构医药服务项目

虚构医药服务项目主要表现为将未使用的药品、耗材和诊疗服务项目纳入基本医疗保险结算。

1. 案例描述

> **案例一**
>
> 王某，男性，48 岁，低保户，因骑自行车过程中不慎自己摔倒，致右腿胫骨骨折，由急诊入院。 骨科医生付某当班接诊，经诊察并与患者沟通后，采用"石膏固定术"的方式保守治疗。 付某在了解到患者享受低保特殊保障待遇后，为其额外加开"胫骨干骨折切开复位内固定术"的收费医嘱，并虚构"使用"了两枚进口内固定螺钉，多收取医保基金共 1.37 万元。

> **案例二**
>
> 2020 年 12 月，某县精神病医院在获批"艾灸"医保记账资质后，分管业务的副院长杨某在明知医院药房没有艾条、艾炷等药品的情况下，要求医生邓某、李某为住院患者普遍开具"艾灸"诊疗，并进行医保记账。次年 2 月中旬，在药房补充的少量艾炷用完后，杨某要求采购人员停止购买艾灸所需的药品和材料，却继续安排临床医生为患者开具"艾灸"诊疗的长期医嘱。 患者家属在发现此项问题后向辖区医保管理部门进行投诉。

2. 政策依据

《条例》第二十条规定：定点医药机构及其工作人员不得通过虚构医药服务项目的方式，骗取医疗保障基金。

四、其他骗取医疗保障基金支出的行为

1. 案例描述

> 👆 **案例**
>
> 　　2022 年 3 月，国家医保局根据举报线索，联合国家卫生健康委、市场监管总局，对华中科技大学同济医学院附属同济医院（以下简称"同济医院"）进行飞行检查，指导湖北省医保局、武汉市医保局对有关问题进行核实处理。国家医保局基金监管司负责人通报，经查发现，2017 年 1 月至 2020 年 9 月期间，同济医院存在串换、虚记骨科高值医用耗材问题，骗取医保基金支付 23 343 609.64 元。武汉市医保局作出如下处理：①责令整改；②对该医院自查并主动退回的骗取医保基金金额 19 157 462.10 元处 2 倍罚款 38 314 924.20 元；对检查发现的骗取金额 4 186 147.54 元处 5 倍罚款 20 930 737.70 元，合计 59 245 661.90 元；③责令该医院暂停骨科 8 个月涉及医疗保障基金使用的医药服务；④依法依规向公安、市场监管、药监、卫生健康、纪检监察等有关部门移送该案问题线索。①

2. 政策依据

　　虚构医药服务项目为《条例》第四十条规定的骗保行为。串换医用耗材虽为《条例》第三十八条规定的一般违法行为，但《条例》第四十条规定：定点医药机构以骗取医疗保障基金为目的，实施了本条例第三十八条规定行为之一，造成医疗保障基金损失的，按照本条规定处理。

---

　　① 资料来源：关于对华中科技大学同济医学院附属同济医院开展专项飞行检查的情况通报. http://www.nhsa.gov.cn/art/2022/4/20/art_ 14_ 8122.html.

第二节　一般违规行为违规类型

一、医保问题

（一）为参保人员利用其享受医疗保障待遇的机会转卖药品，接受返还现金、实物或者获得其他非法利益提供便利

1. 案例描述

> **案例一**
>
> 叶某，男性，50 岁，患有高血压病和椎间盘突出症，需定期前往医院进行保健理疗并到门诊取药。因频繁复诊，叶某经常为亲友邻居代开药，手里持有二三十张他人医保卡和相关病历材料。在与药贩子武某结识后，叶某被教唆利用手中的医保卡开取额外药品，武某按医院药品价格的 60% 予以现金购买。于是，叶某请社区卫生服务站医务人员熊某帮忙。熊某虽然知道叶某额外开药的目的是转卖药品进行套现，但碍于熟人情面，依然利用医务人员的便利身份，协助叶某在 8 家定点医保医院或社区卫生服务站虚假就医、购药，涉及医保基金 51.5 万余元。

> **案例二**
>
> 某县人民医院神经内科李医生存在"诱导住院和不合理用药及使用与疾病治疗无关的药物"等违规行为。调查显示，2021 年 1 月至 2023 年 4 月李医生接诊病历 227 份，涉及违规医保支付 142.13 万元，其中该医生利用收治特殊住院患者的便利，违反诊疗常规超量开药，再把药品转卖给药贩子，非法获利 6 万余元。

2. 政策依据

《条例》第十九条规定：定点医药机构不得为参保人员利用其享受医疗保障待遇的机会转卖药品，接受返还现金、实物或者获得其他非法利益提供

便利。

（二）将不属于医疗保障基金支付范围的医药费用纳入医疗保障基金结算

1. 医保药品超限定支付条件

医保药品限定支付条件是指医保药品目录对部分药品规定了限定支付范围，符合限定支付范围的参保人员发生的药品费用，可按规定由基本医疗保险、生育保险或工伤保险基金支付费用。超限定支付条件即超过了上述限定支付范围使用药品后，仍然使用基本医疗保险、生育保险或工伤保险基金支付费用。

根据《基本医疗保险用药管理暂行办法》规定，参保人使用最新版《国家基本医疗保险、工伤保险和生育保险药品目录》内甲类、乙类药品发生的费用，符合药品说明书及医保限定支付范围，可由基本医疗保险基金支付。以下药品的限定支付条件来源于《国家基本医疗保险、工伤保险和生育保险药品目录（2023 年）》，读者请根据国家医保局更新的目录及时调整。

问题清单：

（1）人血白蛋白超限支付，医保支付单次住院白蛋白值结果均≥30g/L 或没有抢救、重症或因肝硬化、癌症引起胸腹水。

限定支付条件：限抢救、重症或因肝硬化、癌症引起胸腹水的患者，且白蛋白低于 30g/L。

（2）静注人免疫球蛋白（pH4）超限支付，患者诊断或病情不符合限制范围使用并医保记账。

限定支付条件：限原发性免疫球蛋白缺乏症；新生儿败血症；重型原发性免疫性血小板减少症；川崎病；全身型重症肌无力；急性格林巴利综合征。

（3）注射用亚胺培南西司他丁超限支付，非多重耐药的重症感染患者使用注射用亚胺培南西司他丁并用医保结算。

限定支付条件：限多重耐药的重症感染。

（4）注射用哌拉西林舒巴坦超限支付，没有明确药敏试验证据或重症感染的患者使用注射用哌拉西林舒巴坦并用医保结算。

限定支付条件：限有明确药敏试验证据或重症感染的患者。

（5）替罗非班注射液超限支付，非急性冠脉综合征患者使用并医保记账。

限定支付条件：限急性冠脉综合征的介入治疗。

（6）乌司他丁注射液超限支付，非胰腺炎患者使用并医保记账。

限定支付条件：限急性胰腺炎、慢性复发性胰腺炎患者。

（7）复方氨基酸注射液（15AA）超限支付，门诊患者使用并医保记账。

限定支付条件：限有明确的肝硬化、重症肝炎和肝昏迷诊断证据的患者。

（8）注射用胸腺法新超限支付，基本医疗保险患者使用医保记账。

限定支付条件：注射用胸腺法新限工伤保险。

2. 医保诊疗项目超限支付

问题清单：

（1）开展言语能力筛查，将不符合医保限定支付条件的费用纳入医保支付。［来源：定点医疗机构违法违规使用医疗保障基金典型问题清单（2024版），以下简称"2024版问题清单"］

政策依据：《广东省基本医疗服务价格项目目录（2021年版）》（以下简称"《诊疗目录》"）[①] 中，言语能力筛查项目支付条件：限支付疑似言语功能障碍患者，不包括言语功能不能恢复的患者，一个疾病过程支付不超过2次。

（2）开展吞咽功能障碍检查，将不符合医保限定支付数量的费用纳入医保支付。（来源：2024版问题清单）

政策依据：《诊疗目录》中，吞咽功能障碍检查项目支付条件：一个疾病过程支付不超过3次。

（3）开展手功能评定项目，医保支付存在下述问题：①不符合医保限定支付适应症；②不符合医保限定支付的总时间或评定间隔时间。（来源：

---

① 由于各省市医保局发布的基本医疗服务价格项目目录内容并未统一，因此本书以《广东省基本医疗服务价格项目目录（2021年版）》为例说明违法违规行为的政策依据。其他省市请以本地现行基本医疗服务价格项目目录为准。如果广东省医保局出台新的基本医疗服务价格项目目录，请参照新版使用负面清单。

2024 版问题清单）

政策依据：《诊疗目录》中，手功能评定项目支付条件：明确手功能障碍，且支付总时间不超过 90 天，评定间隔时间不短于 14 天。

（4）开展脑瘫肢体综合训练，医保支付存在下述问题：①不符合医保限定支付对象；②不符合医保支付年龄限制；③同时开展运动疗法时，超出医保支付限制。（来源：2024 版问题清单）

政策依据：《诊疗目录》中，脑瘫肢体综合训练限支付儿童。3 岁以前，每年支付不超过 6 个月；3 岁以后，每年支付不超过 3 个月。支付总年限不超过 5 年；每日支付不超过 2 次。与运动疗法同时使用时只支付其中 1 项限定支付范围。

（5）开展截瘫肢体综合训练，医保支付存在下述问题：①不符合医保限定支付天数及频次；②同时使用运动疗法时超出医保支付限制。（来源：2024 版问题清单）

政策依据：《诊疗目录》中，截瘫肢体综合训练一个疾病过程支付不超过 3 个月；每日支付不超过 2 次。与运动疗法同时使用时只支付其中 1 项。

（6）开展截肢肢体综合训练，将不符合医保限定支付天数的费用纳入医保支付。（来源：2024 版问题清单）

政策依据：《人力资源社会保障部　国家卫生计生委　民政部　财政部　中国残联关于新增部分医疗康复项目纳入基本医疗保障支付范围的通知》（人社部发〔2016〕23 号）规定，上肢训练支付不超过 30 天，下肢训练支付不超过 20 天，髋关节或肩关节离断、高位大腿截肢训练支付不超过 90 天。

（7）开展运动疗法，医保支付存在下述问题：①不符合医保限定支付适应症；②不符合医保限定支付天数及频次；③与偏瘫、脑瘫或截瘫肢体综合训练同时使用时，不符合医保支付限制。（来源：2024 版问题清单）

政策依据：《诊疗目录》中，运动疗法限支付器质性病变导致的肌力、关节活动度和平衡功能障碍的患者，一个疾病过程支付不超过 3 个月；每日支付不超过 2 次（包括项目合并计算）。与偏瘫、脑瘫或截瘫肢体综合训练同时使用时只支付其中1项限定支付范围。

（8）开展大关节松动训练，医保支付存在下述问题：①不符合医保限定支付适应症；②不符合医保限定支付天数。（来源：2024版问题清单）

政策依据：《诊疗目录》中，大关节松动训练支付条件为有明确的关节活动障碍，且一个疾病过程支付不超过90天。

（9）开展电动起立床训练，医保支付存在下述问题：①不符合医保限定支付场景；②不符合医保限定支付康复目标；③不符合医保限定支付天数。（来源：2024版问题清单）

政策依据：《诊疗目录》中，电动起立床训练限支付住院期间，以减少卧床并发症为治疗目的或者以直立行动为康复目标，支付不超过30天。

（10）开展徒手手功能训练，医保支付存在下述问题：①不符合医保限定支付适应症；②不符合医保限定支付天数。（来源：2024版问题清单）

政策依据：《诊疗目录》中，徒手手功能训练支付条件为有明确的手功能障碍，且一个疾病过程支付不超过90天。

（11）开展作业疗法，医保支付存在下述问题：①不符合医保限定支付适应症；②不符合医保限定支付天数及频次。（来源：2024版问题清单）

政策依据：《诊疗目录》中，作业疗法限支付器质性病变导致的生活、工作能力障碍。一个疾病过程支付不超过3个月；每日支付不超过1次。

（12）开展偏瘫肢体综合训练，医保支付存在下述问题：①不符合医保限定支付天数及频次；②与运动疗法同时使用时，不符合医保支付限制。（来源：2024版问题清单）

政策依据：《诊疗目录》中，偏瘫肢体综合训练一个疾病过程支付不超过3个月；每日支付不超过2次，与运动疗法同时使用时只支付其中1项限定支付范围。

（13）开展精神障碍作业疗法训练，医保支付存在下述问题：①不符合医保限定支付适应症；②不符合人员资质限制；③不符合医保限定支付天数及频次。（来源：2024版问题清单）

政策依据：《诊疗目录》中，精神障碍作业疗法训练限支付精神障碍康复期患者，在精神卫生机构或康复医疗机构，由具有资格的精神卫生专业人员或在其指导下的社工操作，且每年支付不超过 90 天，每天支付不超过 1 次。

（14）开展日常生活动作训练，医保支付存在下述问题：①不符合医保限定支付适应症；②不符合医保限定支付天数；③不符合医保继续支付的限定条件。（来源：2024 版问题清单）

政策依据：《诊疗目录》中，日常生活动作训练限支付日常生活活动能力障碍患者，重度患者支付不超过 90 天，中度患者支付不超过 60 天，轻度患者支付不超过 30 天，每 14 天训练经功能量表评定后取得明确功能进步才可继续支付。

（15）开展吞咽功能障碍训练，医保支付存在下述问题：①不符合医保限定支付适应症；②不符合医保限定支付医院限制；③不符合医保限定支付天数及频次。（来源：2024 版问题清单）

政策依据：《诊疗目录》中，吞咽功能障碍训练限支付中、重度功能障碍，三级医院康复科或康复专科医院使用。一个疾病过程支付不超过 3 个月；每日支付不超过 2 次（含普通训练和器械训练）。

（16）开展认知知觉功能障碍训练，医保支付存在下述问题：①不符合医保限定支付适应症；②不符合医保限定支付天数及频次。（来源：2024 版问题清单）

政策依据：《诊疗目录》中，认知知觉功能障碍训练限支付器质性病变导致的认知知觉功能障碍。一个疾病过程支付不超过 3 个月；每日支付不超过 2 次。

3. 医保目录外项目纳入医保结算

根据《国家医保局　财政部关于建立医疗保障待遇清单制度的意见》及《国家医疗保障待遇清单》要求，不予支付范围包括：应当从工伤保险基金中支付的；应当由第三人负担的；应当由公共卫生负担的；在境外就医的；体育健身、养生保健消费、健康体检；国家规定的基本医疗保险基金不予支付的其他费用。

问题清单:

（1）有第三方责任如打架斗殴、医疗事故、交通事故的医保记账。

政策依据：根据《国家医疗保障待遇清单》，应当由第三人负担的不属于医保支付范围。

（2）整形美容项目医保记账。

政策依据：根据《国家医疗保障待遇清单》，体育健身、养生保健消费不属于医保支付范围。

（3）GCP 临床试验用药医保记账。

政策依据：根据《药物临床试验质量管理规范》第三十九条规定，申办者应当免费向受试者提供试验用药品，支付与临床试验相关的医学检测费用。

二、医疗问题

（一）分解住院

分解住院是指医疗服务提供方为未达到出院标准的参保患者办理出院，并在短时间内因同一疾病或相同症状再次办理入院，将参保患者应当一次住院完成的诊疗过程分解为两次及以上住院诊疗过程的行为。（出自《条例释义》）

1. 案例描述

> 🖐 **案例一**
>
> 张某，男性，68 岁，因"急性脑梗死（左侧基底核区）、右侧偏瘫、腔隙性脑梗死（双侧额顶叶及基底核区）、高血压病、2 型糖尿病、左下肺癌术后"，于 2022 年 7 月 8 日入住某医院神经内科。 经过系统诊疗，张某脑梗死病症恢复良好，符合康复出院指征。 7 月 23 日，主管医生为其办理了出院结算手续。 随即，张某以"2 型糖尿病、高血压病"的诊断再次办理住院手续，收入内分泌科。

案例二

王某，女性，49 岁，因工作过程中突发脑出血，被同事送入某医院进行救治。在该医院神经内科住院两周后，王某病情有所好转，但尚未达到出院指征。主管医生以"住院天数超过 15 天医保无法报销"为由，要求患者办理医保结账，自费住院 7 天后再重新办理医保登记手续。在王某整个住院周期内，共存在 5 笔住院费用，其中第二笔和第四笔均为全自费支付。出院后，王某家属持 2 次自费住院的票据前往医保局寻求报销时，引起了监管人员的注意。

2. 政策依据

《条例》第十五条规定：定点医药机构及其工作人员应当按照诊疗规范提供合理、必要的医药服务，不得分解住院。

（二）挂床住院

挂床住院是指参保人员在住院期间长时间离开医院或实际未进行相关诊疗。（出自《条例释义》）

1. 案例描述

案例一

张某，男性，68 岁，因高血压、糖尿病等疾病，于 2022 年 12 月 1 日在某医院办理了住院手续，入住内分泌科病房。入院后，医生制订了详细的诊疗计划，包括药物、饮食、运动等方面的指导。因该院疏于管理，张某仅在病房短暂停留，经常出入医院大门，未曾实际接受过医院诊疗，导致住院疗程中血糖波动较大，引起了家属的强烈不满。

案例二

　　2021 年 5 月 25 日晚，医保局督查组人员突击检查某医院参保人住院情况。在巡查骨伤科某病房时，发现患者陈某并未在院。经与陈某同病房的其他患者沟通了解得知，陈某刚入院的前两天在医院住，之后每天仅在早上查房时能见到其本人，其他时间极少出现在病房。检查人员随即查看陈某病历，病历记载：陈某，男性，45 岁，该医院甲乳外科医师，因"腰椎间盘突出病史多年并腰痛、行走不便二天"，于 2021 年 5 月 19 日办理了该科住院手续，住院期间以接受理疗等物理诊疗为主。医保局后续跟进调查发现，陈某于 5 月 23 日和 5 月 25 日按正常门诊出诊时间接诊患者，未办理病假手续，于 5 月 27 日办理出院手续。

2. 政策依据

　　《条例》第十五条规定：定点医药机构及其工作人员应当按照诊疗规范提供合理、必要的医药服务，不得挂床住院。

（三）违反诊疗规范过度诊疗

　　过度诊疗是指医疗服务提供方违反诊疗规范实施不必要的诊疗项目或实施与疾病关联性不高的诊疗项目的行为。（出自《条例释义》）

1. 案例描述

案例一

　　虞某某，女性，38 岁，因接触性皮炎到某皮肤病医院就诊。该医院医生为其开具了"静脉滴注抗组胺+糖皮质激素"，同时进行两次激光治疗的医嘱。虞某某经治疗后质疑激光治疗的必要性，认为该医院存在过度诊疗行为，遂到辖区卫监部门进行投诉，后执法部门到该医院开展现场调查。经查明，该医院未遵守《临床诊疗指南：激光医学分册》《皮肤性病学》等相关指南、规范、标准中关于适应症、禁忌症、治疗参数等规定和常规，对虞某某的接触性皮炎施以非必要和非对症的激光治疗。

案例二

　　某市医保局在对某区级医院进行年度例行检查的过程中发现，该医院骨伤科、康复医学科对需要进行理疗的非手术患者普遍同时进行了多项理疗项目。 例如：刘某某，男性，55 岁，因急性腰扭伤前往该医院骨伤科就诊，经 CT 检查排除脊椎骨折和脊髓损伤后，医生建议其行"普通针刺+腰部疾病推拿治疗+射频电疗+中药封包"治疗，一次性开具 15 天治疗单并予以医保记账。

2. 政策依据

　　《条例》第十五条规定：定点医药机构及其工作人员应当按照诊疗规范提供合理、必要的医药服务，不得违反诊疗规范过度诊疗。

（四）过度检查

　　过度检查是指医疗服务提供方实施与疾病关联性不高的检查项目的行为（出自《条例释义》）。

　　问题清单：

　　（1） 以 CT 机带三维重建功能为由，对所有 CT 检查患者均收取三维重建、冠矢状面重建费用，实际对大部分患者的诊断均未使用重建影像。

　　问题来源：2024 版问题清单。

　　（2） 眼科将胸部 CT 作为眼科疾病必查项目。

　　问题来源：2024 版问题清单。

　　（3） 将"颈部血管彩色多普勒超声""四肢血管彩色多普勒超声""四肢多普勒血流图"检查作为住院患者的常规检查。

　　问题来源：2024 版问题清单。

　　（4） 为心血管内科患者普遍无指征开具"粪寄生虫镜检"并收费。

　　问题来源：2024 版问题清单。

　　（5） 为开展凝血功能检查的患者普遍开具"血浆 D-二聚体测定"。

　　问题来源：2024 版问题清单。

（6）同时开具"C-反应蛋白（CRP）"与"超敏 C 反应蛋白（hs-CRP）"检测。

问题来源：2024 版问题清单。

（7）为开展肾功能检查的患者普遍开具"血清胱抑素测定"。

问题来源：2024 版问题清单。

（8）为开展血脂检查的患者普遍开具"血清载脂蛋白 AI 测定"。

问题来源：2024 版问题清单。

（9）大规模同时开具"降钙素原（PCT）""超敏 C 反应蛋白""N 端-B 型钠尿肽前体（NT-proBNP）"检测。

问题来源：2024 版问题清单。

（10）为开展"梅毒螺旋体特异抗体测定"患者普遍开具"不加热血清反应素试验"。

问题来源：2024 版问题清单。

（11）将"癌胚抗原测定""糖类抗原测定""糖化血红蛋白测定""血栓弹力图试验"列入患者入院常规检查大规模开展。

问题来源：2024 版问题清单。

（12）对无血糖异常指征患者开具葡萄糖测定。

问题来源：2022 年国家医保飞行检查。

（13）对无血糖异常指征患者开具糖化血红蛋白测定。

问题来源：2023 年深圳第一批负面清单。

（14）对非感染、炎症患者开具超敏 C 反应蛋白测定。

问题来源：2023 年深圳第一批负面清单。

（15）对非感染、炎症患者开具 C-反应蛋白测定。

问题来源：2023 年深圳第一批负面清单。

（16）对非感染、炎症患者开具降钙素原检测。

问题来源：2023 年深圳第一批负面清单。

（17）对无甲状腺疾病指征患者开具抗甲状腺球蛋白抗体（TGAb）测定。

问题来源：2023 年深圳第一批负面清单。

（18）对无甲状腺疾病指征患者开具抗甲状腺微粒体抗体（TMAb）

测定。

问题来源：2023 年深圳第一批负面清单。

（19）对无前列腺疾病指征患者开具总前列腺特异性抗原（TPSA）测定。

问题来源：2023 年深圳第一批负面清单。

（20）对无前列腺疾病指征患者开具游离前列腺特异性抗原（FPSA）测定。

问题来源：2023 年深圳第一批负面清单。

（21）常规开具癌胚抗原（CEA）测定—化学发光法。

问题来源：2023 年深圳第一批负面清单。

（22）常规开具癌甲胎蛋白（AFP）测定—化学发光法。

问题来源：2023 年深圳第一批负面清单。

（23）常规开具神经元特异性烯醇化酶（NSE）测定—化学发光法。

问题来源：2023 年国家医保飞行检查。

（24）常规开具细胞角蛋白 19 片段测定—化学发光法。

问题来源：2023 年国家医保飞行检查。

（25）单日内重复开具甲状腺球蛋白（TG）测定。

问题来源：2019 年国家医保飞行检查。

（26）单日内重复开具甲状旁腺激素测定。

问题来源：2019 年国家医保飞行检查。

（27）常规开具 B 型钠尿肽前体（Pro-BNP）测定。

问题来源：汕尾负面清单。

（28）单日内重复开具血清肌酸激酶-MB 同工酶活性测定。

问题来源：2019 年国家医保飞行检查。

（29）单日内重复开具血清肌酸激酶测定。

问题来源：2019 年国家医保飞行检查。

（30）单日内重复开具 25 羟维生素 D 测定—色谱法。

问题来源：2019 年国家医保飞行检查。

（31）常规开具甘油三酯测定—干化学法。

问题来源：2023 年深圳第一批负面清单。

（五）分解处方

分解处方是指应当在一次就诊或一张处方完成的，故意分多次就诊或分

多张处方完成，收取更多服务费用的行为。（出自《条例释义》）

1. 案例描述

> 👆 **案例一**
>
> 　　同一患者同一日内产生 2 张及以上处方，并且处方药品相同或药理作用相同。 例如：吴某，女性，58 岁，在医院门诊看病时，医师为规避相关政策要求，将 10 余种药品分解成 3 张处方于同一天不同时间段内分别开具，后经大数据比对认定为分解处方，涉及金额近 1 000 元。

> 👆 **案例二**
>
> 　　某医疗机构医生为应对内部绩效考核，不顾患者长期服用同类慢性病药品的事实和患者诉求，开具处方时将符合慢性病规定可开具一个月使用量的药品仅为患者开具半个月使用量，导致患者多次就诊且承担多笔医事服务费，造成医保基金及参保人员权益损失。

2. 政策依据

《条例》第十五条规定：定点医药机构及其工作人员应当按照诊疗规范提供合理、必要的医药服务，不得违反诊疗规范分解处方。

（六）超量开药

超量开药是指超过规定剂量开药的行为。（出自《条例释义》）

1. 案例描述

> 👆 **案例**
>
> 　　某市医保局在年度例行检查中发现某县人民医院大量住院患者输液时间偏长。 例如：谢某，男性，51 岁，因"急性发热、咳嗽三天"，自行服用感冒药无好转，前往该医院内科门诊就诊。 经化验、胸部 X 线检查后，确诊"急性肺部感染"，收入院进行治疗。 住院期间，管床医生给予抗生素输液治疗。 两天后，患者病情好转，体温连续三天处于正常值，但管床医生予以患者持续输注抗生素治疗七天后，方才停止输液。

2. 政策依据

《条例》第十五条规定：定点医药机构及其工作人员应当按照诊疗规范提供合理、必要的医药服务，不得违反诊疗规范超量开药。

（七）重复开药

重复开药是指医疗服务提供方违反临床用药指南或规则，为患者开具多种药理作用相同或作用机制相似的药物的行为。（出自《条例释义》）

1. 案例描述

> 👆 **案例**
>
> 　　刘某，男性，患乙型肝炎，因肝功能异常、乏力等入院治疗，医生予以抗病毒、保肝等药物治疗。因患者入院期间感冒，医生选用对乙酰氨基酚片，口服 0.5g，一日两次，同时联用氨咖黄敏胶囊，口服 2 粒，一天三次，及维 C 银翘片，口服 3 片，一天三次，连服三天。对乙酰氨基酚片、氨咖黄敏胶囊和维 C 银翘片药理作用相似，属于重复开药。

2. 政策依据

《条例》第十五条规定：定点医药机构及其工作人员应当按照诊疗规范提供合理、必要的医药服务，不得违反诊疗规范重复开药。

（八）提供其他不必要的医药服务

提供其他不必要的医药服务主要包括低标准住院等。低标准住院是指定点医疗机构违反卫健部门制定的住院标准《临床诊疗指南》，将无入院指征可在门诊治疗的患者收治住院。《条例》第十五条规定，定点医药机构及其工作人员应当按照诊疗规范提供合理、必要的医药服务。

问题清单：

（1）以健康查体为主要目的的住院治疗。患者在院期间只做各项检验、检查和简单治疗，以健康查体为主要目的。

（2）以口服药治疗为主的收治入院。病情简单、诊断明确，以口服药治疗为主收治入院，如慢性胃炎、盆腔炎等；病情稳定的肿瘤、脑卒中患者，收住院后以口服药治疗为主。

（3）可以门诊完成的手术、治疗收治入院。门诊常见疾病、手术可在门诊或门诊观察治疗却收治住院，如小的体表肿块、单纯包茎、术后拔管、口腔门诊治疗等。

（4）向患者过分渲染疾病的危害性或者以住院可以报销诱导患者住院接受治疗。

（5）患者入院后，医生准备手术时发现有手术禁忌，却没有停止医嘱立即办理出院，仍然开展诊疗活动。

三、收费问题

收费问题主要指因医疗服务收费项目未完全按照医保相关政策，造成医保基金支出不符合规范。

（一）重复收费

重复收费是指医疗服务提供方对某一项诊疗服务项目多次收费的行为。（出自《条例释义》）《条例》第十五条明确规定，定点医药机构及其工作人员应当按照诊疗规范提供合理、必要的医药服务，向参保人员如实出具费用单据和相关资料，不得重复收费。

重复收取服务项目（包括诊疗项目、药品、医用耗材等）的费用，是医疗机构在医疗过程中经常发生的违规行为，也是医保基金监管部门在年度检查中重点关注的问题。重复收费违反了市场公平竞争原则和侵害了消费者权益，每年造成医保基金损失巨大，同时也有众多医疗机构因重复收费行为被查处。通常表现为：对只进行了一次的诊疗项目收取两次及以上费用；或在已收取某诊疗项目费用的基础上，再单独收取该诊疗项目包含的内涵或步骤项目费用。

问题清单：

1. 检查检验项目

（1）开展 X 线摄影检查并收费，重复收取 X 线透视费用。（来源：2024版问题清单）

政策依据：X 线透视一般指使用传统 X 线设备开展的影像检查，X 线摄影（DR）设备与传统 X 线设备不兼容。

（2）开展经皮超选择性动脉造影，重复收取经皮选择性动脉造影。（来

源：2024 版问题清单）

政策依据：根据《诊疗项目》，经皮超选择性动脉造影术说明的内容指出：同一动脉系统，选择性和超选择性造影术不得同时收费。

（3）开展非超声检查项目并收费，重复收取属于超声检查项目类别下的图像记录费用。（来源：2024 版问题清单）

政策依据：根据《诊疗项目》，计算机图文报告、彩色胶片报告属于超声检查分类下的图像记录附加收费项目。

（4）开展上消化道造影，收取"上消化道造影""食管造影"费用，"食管造影"为重复收费。（来源：2024 版问题清单）

政策依据：根据《诊疗项目》，上消化道造影内涵：含食管、胃、十二指肠造影。

（5）开展"床旁透视"并收费，重复收取同类"透视常规检查"费用（来源：2024 版问题清单）

政策依据：《诊疗目录》中，床旁检查不得与常规检查重复计价。

（6）开展 CT、磁共振等增强扫描，重复收取平扫费用。（来源：2024 版问题清单）

政策依据：《诊疗目录》中，CT、磁共振平扫后同时进行增强扫描，不同省份计价标准不同，有的省份两个项目分别计价且不得同时收费，有的省份在平扫费用基础上加收一定费用。

（7）开展肝囊肿穿刺，使用彩超引导，在收取"临床操作的彩色多普勒超声引导"费用的同时，重复收取"彩色多普勒超声常规检查""浅表器官彩色多普勒超声检查""计算机图文报告"等费用，或者收取图文报告、胶片费用。（来源：2024 版问题清单）

政策依据：各类影像引导是临床医师在开展治疗、手术时为动态观察操作过程、精准定位相关病灶而实施的辅助操作，而各类影像检查是为诊断疾病通过一定方式显示人体器官组织的形态状况等图像的检查方式，开展引导不应收取检查费用，也不应收取反映影像检查结果的载体如图文报告、胶片等的费用。

（8）进行一次 CT 增强检查，同时收取 X 线计算机体层（CT）增强扫描和 X 线计算机体层（CT）平扫的费用。

政策依据：根据《诊疗目录》，X线计算机体层（CT）增强扫描已包含了平扫步骤，不得重复收取X线计算机体层（CT）平扫的费用。

（9）同时收取常规心电图与多通道、十二导联心电图检查费用。

政策依据：根据《诊疗目录》，常规心电图检查指单通道、常规导联（十二导联），不得与多通道、十二导联心电图检查同时收费。

（10）同时收取电子纤维喉镜或电子鼻咽镜检查和表面麻醉费用。

政策依据：根据《诊疗目录》，各类内镜检查、活检、封闭和穿刺内涵均含表面麻醉及活检，不得重复收取表面麻醉费用。

（11）同时收取B型钠尿肽（BNP）测定和B型钠尿肽前体（Pro-BNP）测定费用。

政策依据：根据《诊疗目录》，B型钠尿肽（BNP）、B型钠尿肽前体（Pro-BNP）都是反映心衰功能的检查指标，不得重复收费。

2. 手术治疗项目

（1）开展椎间融合器植入植骨融合术，重复收取脊髓和神经根粘连松解术、减压术费用。（来源：2024版问题清单）

政策依据：《诊疗目录》中，脊柱椎间融合器植入植骨融合术项目内涵：含脊髓神经根松解、椎板切除减压。

（2）开展椎间盘髓核摘除术并收费，重复收取椎间盘摘除术、椎间盘消融术费用。（来源：2024版问题清单）

政策依据：开展椎间盘髓核摘除术，手术范围已包括摘除椎间盘。

（3）开展关节镜下手术（如半月板修整、韧带重建、骨折复位、滑膜切除等），重复收取关节镜检查费用。（来源：2024版问题清单）

政策依据：根据《诊疗目录》，除注明内镜下手术以外，使用相应的辅助操作加收相应内镜费用。

（4）开展关节腔灌注治疗，重复收取关节穿刺费用。（来源：2024版问题清单）

政策依据：《诊疗目录》中，关节腔灌注治疗项目内涵：含穿刺。

（5）开展连续性血液净化/连续性肾脏替代治疗，同时重复收取血液透析费用。（来源：2024版问题清单）

政策依据：《诊疗目录》中，连续性血液净化项目内涵：含透析液。连续性肾脏替代治疗项目内涵：含连续性血液滤过、连续性血液透析、连续性血液透析滤过、缓慢单纯超滤、高容量血液滤过、缓慢低流量每日透析等。按照相应诊疗规范，连续性血液净化/连续性肾脏替代治疗，包括血液透析治疗内容。

（6）按小时收费的血液净化类诊疗项目（如自动腹膜透析、连续性血液净化等），收费数量超过实际提供的诊疗服务数量。（来源：2024 版问题清单）

政策依据：血液净化类诊疗项目收费的准确性。

（7）开展冠脉介入项目，重复收取冠脉造影费用。（来源：2024 版问题清单）

政策依据：根据《诊疗目录》，冠脉腔内成形术/球囊扩张术、支架置入术、腔内激光成形术、内膜旋磨术、溶栓术、局部放射治疗术、局部药物释放治疗术、心肌血管重建术等冠脉介入项目内涵：含靶血管造影。

（8）开展同一段冠脉血管病变介入项目，收取"经皮冠状动脉内支架置入术（STENT）"和 2 次"经皮动脉内球囊扩张术"费用，其中 2 次"经皮动脉内球囊扩张术"为重复收费。（来源：2024 版问题清单）

政策依据：根据《诊疗目录》，经皮冠状动脉内支架置入术（STENT）项目内涵：含为放置冠脉内支架而进行的球囊预扩张和支架打开后的支架内球囊高压扩张。

（9）开展同一段冠脉血管病变介入项目，收取"高速冠状动脉内膜旋磨术"和"经皮冠状动脉内支架置入术（STENT）"费用，其中"经皮冠状动脉内支架置入术（STENT）"为重复收费。（来源：2024 版问题清单）

政策依据：《诊疗目录》中，冠脉内膜旋磨术、腔内激光成形术等经血管介入项目内涵：含支架置入。

（10）开展经血管介入诊疗项目，收取对应手术治疗费用外，重复收取"静脉注射""静脉输液"费用。（来源：2024 版问题清单）

政策依据：《诊疗目录》中①，经血管介入治疗分类内涵：含局部麻醉、穿刺、注射、置管费用。

（11）开展冠脉内局部放射治疗，重复收取同位素放射源及放疗装置的使用费用。（来源：2024 版问题清单）

政策依据：《诊疗目录》中，冠脉内局部放射治疗术项目内涵：含同位素放射源及放疗装置的使用。

（12）对于长期血液透析或血液透析滤过的患者，收取普通门诊诊查费用。

政策依据：根据《诊疗目录》，对于定期进行血液透析或血液透析滤过的患者，不得同时收取普通门诊诊查费用。

（13）同时收取子宫肌瘤剔除术和子宫修补术（子宫整形术）费用。

政策依据：根据《诊疗目录》，单台手术，子宫肌瘤剔除术不可同时收取子宫修补术（子宫整形术）费用，子宫修补术仅独立开展方可收费。

（14）同时收取卵巢囊肿剔除术和卵巢修补术费用。

政策依据：根据《诊疗目录》，单台手术，卵巢囊肿剔除术不可同时收取卵巢修补术费用，卵巢修补术仅独立开展方可收费。

（15）同时收取经输尿管镜支架置入术和输尿管扩张术费用。

政策依据：《诊疗目录》中，根据诊疗规范，输尿管支架置入术与扩张术为同类型手术，均为解决输尿管狭窄、梗阻等症状，不得同时收取两种手术费用。

（16）同时收取脊柱椎间融合器植入植骨融合术以及脊髓和神经根粘连松解术费用。

政策依据：根据《诊疗目录》，脊柱椎间融合器植入植骨融合术含脊髓神经根松解、椎板切除减压、脊髓探查、骨折切开复位，不可与脊髓和神经根粘连松解术同时收费。

（17）浅表肿物切除术并没有开展皮瓣形成，同时收取浅表肿物切除术

---

① 此处各省物价规定不同。《广东省基本医疗服务价格项目目录（2021 年版）》规定：介入治疗包含数字减影费用。造影剂、一次性穿刺针、溶栓导线、栓塞剂、导丝、导管、球囊、球囊导管、支架、起搏器、滤网、导管鞘、关闭器、压力泵、高压连接管、血管缝合器、压力套装、止血带、介入药盒、抓捕器（异物套）、弹簧圈、心内超声探头、封堵器、高压注射器均为除外内容。

和任意皮瓣形成术费用。

政策依据：根据《诊疗目录》，行浅表肿物切除术，并没有开展皮瓣形成，不能同时收取浅表肿物切除术与任意皮瓣形成术费用。

（18）同时收取乳腺癌根治术和乳腺肿物切除术费用。

政策依据：根据《诊疗目录》，乳腺癌根治术指传统和改良根治两种方法，乳腺肿物切除术指乳头状瘤、小叶、象限切除，两者不能同时收费。

（19）同时收取关节清理术和膝关节单纯游离体摘除术费用。

政策依据：根据《诊疗目录》，关节清理术含滑膜切除、软骨下骨修整、游离体摘除、骨质增生清除，指膝、踝、肩、肘、髋、足、手、腕等关节，不可与膝关节单纯游离体摘除术同时收费。

（20）同时收取分段诊断性刮宫和宫颈扩张术或宫颈内口探查术费用。

政策依据：根据《诊疗目录》，分段诊断性刮宫步骤中已包含探宫腔深度和扩张宫颈，不可再次收取宫颈扩张术或宫颈内口探查术的费用。

（21）同时收取包皮环切术和包皮垢清洗费用。

政策依据：根据诊疗规范，包皮环切术前必须进行皮肤清洁、消毒，不得重复收取包皮垢清洗费用。

（22）同一部位同时收取经股动脉置管腹主动脉带簿网支架置入术和经皮动脉支架置入术费用。

政策依据：根据《诊疗目录》，带簿网支架属于支架的一种类型，收取了经股动脉置管腹主动脉带簿网支架置入术的费用后，同一部位不得重复收取经皮动脉支架置入术费用。

（23）在同一动脉系统，同时收取经皮超选择性动脉造影术和经皮选择性动脉造影术费用。

政策依据：根据《诊疗目录》，同一动脉系统，选择性和超选择性造影术不得同时收取费用。

（24）行经股动脉插管全脑动脉造影术，同时收取经股动脉插管全脑动脉造影术和经皮选择性动脉造影术或经皮超选择性动脉造影术费用。

政策依据：根据《诊疗目录》，经皮选择性动脉造影术和经皮超选择性动脉造影术不含脑血管及冠状动脉。经股动脉插管全脑动脉造影术不得收取经皮选择性动脉造影术或经皮超选择性动脉造影术费用。

（25）单次门诊对同一患牙，同时收取根面平整术和超声根面平整术费用。

政策依据：根据《诊疗目录》，根面平整术指手工根面平整，对同一牙不得重复收取超声根面平整术费用。

（26）单次门诊对同一患牙，同时收取牙槽骨修整术和牙龈翻瓣术费用。

政策依据：根据《诊疗目录》和技术规范，翻瓣为牙槽骨修整术的操作组成部分，不应再独立收取牙龈翻瓣术费用。

（27）单次门诊对同一患牙，同时收取冠周炎局部治疗和口腔局部冲洗上药费用。

政策依据：根据《诊疗目录》，冠周炎局部治疗含药液冲洗盲袋及上药，不可重复收取口腔局部冲洗上药费用。

（28）行开髓引流术或牙髓失活术时，同时收取局部浸润麻醉费用。

政策依据：根据《诊疗目录》，开髓引流术、牙髓失活术项目内涵含麻醉，不得重复收取局部浸润麻醉费用。

（29）同一患牙同时收取简单充填术或复杂充填术和牙体桩钉固位修复术或牙体缺损粘接修复术费用。

政策依据：根据《诊疗目录》，牙体桩钉固位修复术含大面积缺损的充填，含牙体预备、酸蚀、粘接、充填，不得重复收取简单充填术、复杂充填术费用。

3. 麻醉项目

（1）同时收取术后镇痛和硬膜外连续镇痛费用。

政策依据：根据《诊疗目录》，术后镇痛指静脉、硬膜外及腰麻硬膜外联合给药、周围神经阻滞，不可同时收取硬膜外连续镇痛费用。

（2）同次诊疗活动中，收取非气管插管全身麻醉费用1次以上。

政策依据：根据《诊疗目录》，非气管插管全身麻醉时间超过2小时，应按每小时进行加收，不得重复收取主项目费用。

（3）同时收取麻醉中监测（14项以上）和持续有创性血压监测费用。

政策依据：根据《诊疗目录》，麻醉中监测（14项以上）含持续有创性血压监测，不得与持续有创性血压监测同时收费。

4. 护理项目

（1）开展遥测心电监护，重复收取心电监测费用。（来源：2024版问题

清单）

政策依据：《诊疗目录》中，遥测心电监护项目内涵：皮肤清洁处理，安放并固定电极，通过中心工作站实时监测心电变化。心电监测项目内涵：使用无创心电监测设备，设定监测参数，实时监测心电变化，含呼吸频率监测。

（2）同时收取心电监测和动态呼吸监测（呼吸 Holter）费用。

政策依据：根据《诊疗目录》，心电监测指使用无创心电监测设备，设定监测参数，实时监测心电变化，含呼吸频率监测，不可同时收取动态呼吸监测（呼吸 Holter）费用。

（3）收取重症监护费用的同时收取级别护理费用。

政策依据：根据《诊疗目录》，每天收取重症监护费用 12 小时以上的，不能同时收取级别护理（Ⅰ、Ⅱ、Ⅲ级护理）费用。

（4）同时收取气管切开护理和吸痰护理费用。

政策依据：根据《诊疗目录》，气管切开护理内涵：含吸痰、药物滴入、定时消毒、更换套管及纱布，不得同时收取吸痰护理费用。

（5）住院每日进行 2 次静脉输液，同时收取 2 次住院静脉输液、2 次静脉输液（连续输液第二组起每组收）费用。

政策依据：根据《诊疗目录》，静脉输液指从核对、配药、穿刺、滴注、中途接瓶（袋）至拔针（留置针分离）结束的服务全过程。患者接受连续静脉输液治疗时，从第二组输液开始，医院将收取额外的费用。

5. 耗材类

（1）开展数字化摄影（DR），收取胶片费用超出实际使用张数。（来源：2024 版问题清单）

政策依据：胶片收费的准确性。

（2）开展血液净化类诊疗项目，将不能单独收费的一次性耗材（一次性管路、废液袋）进行额外收费。（来源：2024 版问题清单）

政策依据：《诊疗目录》中，血液透析、血液灌流、血液滤过等项目，一次性耗材（一次性管路、废液袋）不属于除外内容。

（3）心内科开展经血管介入等治疗，实际使用的一次性高值耗材数量与

收费数量不符。（来源：2024 版问题清单)[1]

政策依据：导管、导丝、起搏器、支架、球囊等一次性高值耗材使用的真实性。

（4）骨科一次性使用高值耗材，收费数量超出实际使用数量。（来源：2024 版问题清单)。[2]

政策依据：髓内钉、螺钉、金属接骨板、关节钢板、骨针、人工骨、异体骨、固定棒、椎间融合器、骨水泥、脊柱内镜、等离子刀头、钛板等一次性高值耗材使用的真实性。

（5）手术或麻醉中同时收取低值耗材费用：如一次性使用引流袋、引流袋（吸引瓶内胆）等。

政策依据：根据《诊疗目录》，手术或麻醉中进行的肌肉注射、静脉注射、静脉输液（输血）及所需的氧气费、笑气、器械、低值医用消耗品（如一次性无菌巾、消毒药品、冲洗盐水、一般缝线、敷料、注射器、输液器、钠石灰）等，不得另行收费。

（6）介入科和心导管室重复收取"医用手术薄膜"费用。

政策依据：根据《诊疗目录》，手术中使用的抗菌及无菌手术薄膜为除外内容，可单独收费。介入科和心导管室非手术室，不得收取手术中的耗材费用。

（二）分解项目收费

分解项目收费是指医疗服务提供方将一个项目按照多项目收费标准进行收费的行为。（出自《条例释义》）《条例》第十五条规定：定点医药机构及其工作人员不得重复收费、超标准收费、分解项目收费。

问题清单：

（1）将成套使用的"人工髋关节"（1 套价格 2 万元），拆分为"股骨柄""金属头""髋臼内杯""髋臼杯系统"分别收费，四个部件费用合计2.5 万元，超出成套价格。（来源：2024 版问题清单）

---

[1] 此项违规也可能是虚构医药服务项目的骗保行为，需根据实际情况结合《关于办理医保骗保刑事案件若干问题的指导意见》判断。

[2] 此项违规也可能是虚构医药服务项目的骗保行为，需根据实际情况结合《关于办理医保骗保刑事案件若干问题的指导意见》判断。

政策依据：公立医疗机构执行医用耗材"零差率"销售政策。

（2）将"血液透析滤过"项目分解为"血液透析"和"血液滤过"进行收费。（来源：2024 版问题清单）

政策依据：《诊疗目录》中，血液透析滤过项目内涵是使用血液透析滤过机和相应管路，将病人血液引出体外并利用血液滤过器进行血液透析加滤过治疗。

（3）将"甲状腺癌扩大根治术"分解为"甲状腺癌切除术"和"颈淋巴结清扫术"进行收费。

政策依据：按照《全国医疗服务价格项目规范（2012 年版）》[①] 关于甲状腺癌根治术的内涵为：由下向上清除淋巴结和脂肪组织，切开显露全叶甲状腺。

（4）将"麻醉中监测"分解为"心电监测""血氧饱和度"和"无创血压监测"进行收费。

政策依据：根据《诊疗目录》，麻醉中监测指含心电图、脉搏氧饱和度、心率变异分析、ST 段分析、无创血压、有创血压、中心静脉压、呼气末二氧化碳、氧浓度、呼吸频率、潮气量、分钟通气量、气道压、肺顺应性、呼气末麻醉药浓度、体温、肌松、脑电双谱指数、脑氧饱和度。

（5）将"运动疗法"分解为"全身肌力训练""各关节活动度训练""徒手体操器械训练""步态平衡功能训练"和"呼吸训练"进行收费。

政策依据：根据《诊疗目录》，运动疗法指全身肌力训练、各关节活动度训练、徒手体操、器械训练、步态平衡功能训练、呼吸训练。

（6）将"心脏彩色多普勒超声"分解为"普通心脏 M 型超声检查"和"普通二维超声心动图"进行收费。

政策依据：根据《诊疗目录》，心脏彩色多普勒超声含各心腔及大血管血流显像；含普通心脏 M 型超声检查、普通二维超声心动图。

（三）超标准收费

超标准收费是指医疗服务提供方对医疗服务的收费标准高于国家、省（自治区、直辖市）、市相关部门规定的价格标准。（出自《条例释义》）

---

① 读者请参照本省市医保部门公布的医疗服务价格项目规范执行。

《条例》第十五条规定：定点医药机构及其工作人员不得重复收费、超标准收费、分解项目收费。

问题清单：

（1）行经皮冠状动脉腔内成形术扩张 3 根血管，按全价收取 3 次"经皮冠状动脉腔内成形术（PTCA）"费用。（来源：2024 版问题清单）

政策依据：根据《价格目录》，介入治疗原则上以经一根血管的介入治疗为起点，每增加一根血管的治疗加收 20%。

（2）开展有创性心内电生理检查，检查时长 2 小时，按小时计费收取 2 次。（来源：2024 版问题清单）

政策依据：根据《价格目录》，有创性心内电生理检查，计价单位为"次"，不应按小时计费。

（3）行切开复位内固定术，将动力钻使用按胫骨、腓骨两部位分别计费，一次手术收费共收取 2 次"使用动力钻加收"。（来源：2024 版问题清单）

政策依据：根据《价格目录》，使用动力钻加收单价为 350 元，计价单位为"次"，一次手术收费共收取 2 次属于超标准收费。

（4）开展骨折切开复位内固定术，术中 C 型臂透视 7 次，收取 7 次"C 型臂术中透视"费用。（来源：2024 版问题清单）

政策依据：根据《价格目录》，C 型臂术中透视单价为 50 元/半小时，每例手术最多不超过 250 元，不应按次收费。

（5）开展"骨密度测定"，分别测定腰椎、髋部、前臂 3 个部位，收取 3 次费用。（来源：2024 版问题清单）

政策依据：根据《价格目录》，骨密度测定计价单位为"次"，不应按部位收费。

（6）开展射频消融腰椎间盘摘除术后换药，将微创手术创面按照"特大换药"收取费用。（来源：2024 版问题清单）

政策依据：根据《价格目录》，特大换药指创面面积在 50cm^2 以上或创面长度在 25cm 以上。

（7）进行血液透析滤过治疗，治疗时长 4 小时，以小时为单位收取 4 次"血液透析滤过"费用。（来源：2024 版问题清单）

政策依据：根据《价格目录》，血液透析滤过计价单位为"次"，不应按小时收费。

（8）同时开展上腹部、下腹部CT平扫，实际收取2次"X线计算机体层（CT）扫描"。（来源：2024版问题清单）

政策依据：根据《价格目录》，X线计算机体层（CT）扫描统一说明：对同一患者多个部位同时检查时，第二个及以上部位应按50%收费。

（9）对同一部位正、侧位磁共振扫描，收取2次"磁共振平扫"费用。（来源：2024版问题清单）

政策依据：根据《价格目录》，磁共振平扫统一说明：对同一患者多个部位同时检查时，第二个及以上部位应收取加收费用。

（10）开展血栓弹力图（TEG）试验检查，按检查使用的试剂杯数收费。（来源：2024版问题清单）

政策依据：根据《价格目录》，血栓弹力图（TEG）试验项目内涵：按"项"收费，不应按试剂杯数收费。

（11）"吸痰护理"每天收费超过24次；"压疮护理"每天收费超过12次；"机械辅助排痰"每天收费超过3次。

政策依据：根据《诊疗目录》，吸痰护理每天收费不超过24次；"压疮护理"每天收费不超过12次；"机械辅助排痰"每天收费不超过3次。

（12）静脉血栓、房颤出血、卒中等风险评估每周收费超过1次。

政策依据：根据《诊疗目录》，静脉血栓、房颤出血、卒中等风险评估项目每周收费不超过1次。

（13）龈下刮治单次诊疗收费超过28颗，龈下刮治（后牙）单次诊疗收费超过16颗。

政策依据：根据《诊疗目录》，龈下刮治按每牙收费。人体常规28颗牙齿（不含智齿）、16颗后牙，每次收费不得超过28颗、16颗。

（14）单次甲状腺穿刺活检术收费数量超过1次。

政策依据：根据《诊疗目录》，手术甲状腺穿刺活检术按"次"收费，单次诊疗收费不可超过1次。

（15）单台手术中，动静脉人工内瘘人工血管转流术收费数量超过1次。

政策依据：根据《诊疗目录》，动静脉人工内瘘人工血管转流术按

"次"收费，单次诊疗收费不可超过 1 次。

（16）住院诊查费、床位费、一级护理费等级别护理费、持续膀胱冲洗、大抢救、中抢救、小抢救、留置导尿等收费数量大于实际住院天数。

政策依据：根据《诊疗目录》，住院诊查费、床位费、一级护理费等级别护理费、持续膀胱冲洗、大抢救、中抢救、小抢救、留置导尿计价单位为"日"，收费数量不得大于实际住院天数。

（17）腹部大血管彩色多普勒超声按照检查血管数量收费。

政策依据：根据《诊疗目录》，腹部大血管彩色多普勒超声按人次收费。

（18）手术标本检查与诊断按"蜡块"收费。

政策依据：根据《诊疗目录》，手术标本检查与诊断以两个蜡块为基价，超过两个蜡块的按手术标本检查与诊断加收（超过两个蜡块）收费。

（19）一次治疗收取多次咬合动度测定费用。

政策依据：根据《诊疗目录》，咬合动度测定计价单位为"次"，一次治疗应仅收取一次费用。

（20）单次检查颈部血管彩色多普勒超声加收（每增加两根血管），收费次数大于 2。

政策依据：根据《静脉用药调配中心建设与管理指南（试行）》，符合静脉药物集中配置管理规定、有严格消毒隔离措施的中心配置间或普通药物配置间进行抗肿瘤化学药物配置。

（21）专用 X 线机复杂模拟定位、CT 机复杂模拟定位等计价单位为"疗程"的诊疗服务项目，每疗程收费超过 1 次，上述项目 1 个疗程收费数量大于 1。

政策依据：根据《诊疗目录》，专用 X 线机复杂模拟定位、CT 机复杂模拟定位等计价单位为"疗程"的诊疗服务项目，每疗程收费限 1 次，上述项目 1 个疗程收费数量不应大于 1。

（22）超过 2 小时部分仍按照非气管插管全身麻醉计价收费。

政策依据：根据《诊疗目录》，非气管插管全身麻醉计价单位为"2 小时"，以手术时间计算，超过 2 小时部分应按照非气管插管全身麻醉加收（超过 2 小时）收费。

（23）甲状腺癌根治术按左右侧收费。

政策依据：根据《诊疗目录》，甲状腺癌根治术收费单位为"次"。

（24）椎管扩大成形术按照颈椎椎板的个数收费。

政策依据：根据《诊疗目录》，颈椎椎板的扩大成形术是同切口的主手术，且计价单位为"每节椎板"；应按收费目录中"同一手术项目中两个及以上切口的手术，加收 50%"的描述进行收费；应收数量 = 1+（椎板个数 − 1）×0.5。

（25）一次治疗收取多次使用超声刀加收费用。

政策依据：根据《诊疗目录》，使用超声刀加收计价单位为"次"，一次治疗应仅收取一次费用。

（26）胃肠减压收费次数超过住院天数。

政策依据：根据《诊疗目录》，胃肠减压按天收费，收费次数不得超过住院天数。

（27）一次手术收取经肠镜特殊治疗费用一次以上，按照处理个数进行收费。

政策依据：根据《诊疗目录》，经肠镜特殊治疗手术计价单位为"次"，一次治疗应仅收取一次费用。

（四）串换药品、医用耗材、诊疗项目和服务设施

串换药品、医用耗材、诊疗项目和服务设施的行为是指不执行药品、医用耗材、诊疗项目、服务设施的支付名称及价格标准，将医疗保障基金不予支付的医疗服务项目、药品、耗材等非目录内项目串换成医保目录内的医疗服务项目、药品、耗材等进行报销，或将低标准收费项目套入高标准收费项目结算。（出自《条例释义》）《条例》第十五条明确规定：定点医药机构及其工作人员应当向参保人员如实出具费用单据和相关资料，不得串换药品、医用耗材、诊疗项目和服务设施。

串换项目收费也是医疗机构常见的违规行为，其目的非常明确，即通过不正当手段增加医保基金支出从而为机构和个人谋取更大利益。其主要表现为不执行原药品、医用耗材、诊疗项目、器械或医疗服务设施的支付名称及价格标准，而用与原项目类似、相近的其他项目名称及价格标准替换进行医

保结算；或将无收费标准的项目串换为医保目录内的项目名称和价格标准结算，造成医保基金损失。

问题清单：

1. 将医保不予支付的医疗服务项目、药品、耗材等串换成医保目录内的项目进行医保结算

（1）将"特定电磁波谱治疗"串换"短波、超短波（透热疗法）；红外线治疗法；电脑中频+药透"项目收费。

政策依据：根据《诊疗目录》，医保目录内的医疗服务项目可以进行医保结算；医保目录外项目均需由患者自费支付，不得套用医保目录内项目进行结算。

（2）将"激光疗法—半导体激光治疗、Cool beam led system 治疗"串换"氦氖激光治疗 160mw"项目收费。

政策依据：根据《诊疗目录》，医保目录内的医疗服务项目可以进行医保结算；医保目录外项目均需由患者自费支付，不得套用医保目录内项目进行结算。

（3）将"医用空气消毒机"串换"紫外线负离子喷雾治疗"项目收费。

政策依据：根据《诊疗目录》，医保目录内的医疗服务项目可以进行医保结算；医保目录外项目均需由患者自费支付，不得套用医保目录内项目进行结算。

（4）将"紫外线空气消毒机"串换"臭氧治疗"项目收费。

政策依据：根据《诊疗目录》，医保目录内的医疗服务项目可以进行医保结算；医保目录外项目均需由患者自费支付，不得套用医保目录内项目进行结算。

（5）将"电离子手术治疗"串换"微波治疗（各科）"项目收费。

政策依据：根据《诊疗目录》，医保目录内的医疗服务项目可以进行医保结算；医保目录外项目均需由患者自费支付，不得套用医保目录内项目进行结算。

（6）将"Leep 刀治疗"串换"宫颈肿瘤切除术"项目收费。

政策依据：根据《诊疗目录》，医保目录内的医疗服务项目可以进行医保结算；医保目录外项目均需由患者自费支付，不得套用医保目录内项目进行结算。

（7）将"光热治疗"串换"超级光线治疗"项目收费。

政策依据：根据《诊疗目录》，医保目录内的医疗服务项目可以进行医保结算；医保目录外项目均需由患者自费支付，不得套用医保目录内项目进行结算。

（8）将"石榴石激光治疗和光子嫩肤机治疗"串换"无焦化多波长治疗"项目收费。

政策依据：根据《诊疗目录》，医保目录内的医疗服务项目可以进行医保结算；医保目录外项目均需由患者自费支付，不得套用医保目录内项目进行结算。

（9）将"盆底肌刺激治疗"串换"肌电生物反馈疗法、神经肌肉电刺激治疗、中频脉冲电治疗"项目收费。

政策依据：根据《诊疗目录》，医保目录内的医疗服务项目可以进行医保结算；医保目录外项目均需由患者自费支付，不得套用医保目录内项目进行结算。

（10）将外送第三方自费检查检验项目串换"院内医保目录内的收费项目"收费。

政策依据：根据《诊疗目录》，医保目录内的医疗服务项目可以进行医保结算；医保目录外项目均需由患者自费支付，不得套用医保目录内项目进行结算。

（11）使用血压计、监护仪监测血压，串换"动态血压监测"进行收费。（来源：2024版问题清单）

政策依据：《诊疗目录》中，动态血压监测项目内涵：气袖均匀紧贴皮肤缠于上臂，以动态血压监测仪自动测量血压，指导患者记录当天的日常活动，取下记录仪并输入电脑，经相关软件编辑，按设定间期记录血压20小时以上，打印报告。医护人员为住院患者开展体温、血压等生命体征监测，属于常规的护理操作，不应额外收费。

2. 将低标准收费项目套入高标准收费项目进行医保结算

（1）检验检查项目。

①将"动态心电图"串换"遥测心电监护"项目收费。（来源：2024版问题清单）

政策依据：《诊疗目录》中，动态心电图项目内涵：皮肤清洁处理，安放电极，固定电极及导线，使用心电图机，指导患者记录，一般连续记录24小时，有效记录时间应在22小时以上，计算机辅助人工分析数据，出具报告，按次计价。遥测心电监护项目内涵：皮肤清洁处理，安放并固定电极，通过中心工作站实时监测心电变化，按小时计价。

②将在低分辨率、低排数、低场强设备上开展的CT、磁共振检查按照高分辨率、高排数、高场强设备计价收费。（来源：2024版问题清单）

政策依据：《诊疗目录》中，X线计算机体层（CT）、磁共振等检查按设备型号、性能分别计价。

③使用数字减影血管造影（DSA）机为患者开展气管造影检查，除支气管造影费用外，应当收取"临床操作的CT引导"费用，实际收取"非血管介入临床操作数字减影（DSA）引导"费用。（来源：2024版问题清单）

政策依据：非血管介入临床操作数字减影（DSA）引导指利用数字减影血管造影引导辅助完成临床诊疗过程，适用于心、脑、全身血管造影，介入治疗等。

④将"葡萄糖测定—各种酶法"串换"葡萄糖测定—干化学法"项目收费。（来源：2024版问题清单）

政策依据：根据《条例》，定点医药机构及其工作人员应按实际开展的诊疗项目进行收费，不得以价格高的诊疗项目串换实际进行的价格低的诊疗项目。

⑤将"B型钠尿肽前体（Pro-BNP）测定"串换"N端-B型钠尿肽前体（NT-proBNP）测定"项目收费。（来源：2024版问题清单）

政策依据：根据《条例》，定点医药机构及其工作人员应按实际开展的诊疗项目进行收费，不得以价格高的诊疗项目串换实际进行的价格低的诊疗项目。

⑥将普通较大标本病理检查与诊断串换"全器官大切片病理检查与诊断"项目收费。

政策依据：根据《条例》，定点医药机构及其工作人员应按实际开展的诊疗项目进行收费，不得以价格高的诊疗项目串换实际进行的价格低的诊疗项目。

⑦将加急完成的普通常规的病理切片与诊断串换"快速石蜡切片检查与诊断"项目收费。

政策依据：根据《条例》，定点医药机构及其工作人员应按实际开展的诊疗项目进行收费，不得以价格高的诊疗项目串换实际进行的价格低的诊疗项目。

⑧将"血同型半胱氨酸测定—各种免疫学方法"串换"血同型半胱氨酸测定—化学发光法"项目收费。

政策依据：根据《条例》，定点医药机构及其工作人员应按实际开展的诊疗项目进行收费，不得以价格高的诊疗项目串换实际进行的价格低的诊疗项目。

⑨将"B型钠尿肽（BNP）测定—干免疫法—床边"串换"B型钠尿肽（BNP）测定—化学发光法"项目收费。

政策依据：根据《条例》，定点医药机构及其工作人员应按实际开展的诊疗项目进行收费，不得以价格高的诊疗项目串换实际进行的价格低的诊疗项目。

⑩将"钠测定—酶促动力学法"串换"钠测定—干化学法"项目收费。

政策依据：根据《条例》，定点医药机构及其工作人员应按实际开展的诊疗项目进行收费，不得以价格高的诊疗项目串换实际进行的价格低的诊疗项目。

⑪将"钾测定—酶促动力学法"串换"钾测定—干化学法"项目收费。

政策依据：根据《条例》，定点医药机构及其工作人员应按实际开展的诊疗项目进行收费，不得以价格高的诊疗项目串换实际进行的价格低的诊疗项目。

⑫将"血清间接胆红素测定—速率法"串换"血清间接胆红素测定—化学法"项目收费。

政策依据：根据《条例》，定点医药机构及其工作人员应按实际开展的诊疗项目进行收费，不得以价格高的诊疗项目串换实际进行的价格低的诊疗项目。

⑬将"电脑血糖监测"串换"糖化白蛋白（GA）测定"项目收费。

政策依据：根据《条例》，定点医药机构及其工作人员应按实际开展的诊疗项目进行收费，不得以价格高的诊疗项目串换实际进行的价格低的诊疗项目。

⑭将"C-反应蛋白测定（CRP）—各种免疫学方法"串换"C-反应蛋白测定（CRP）—干化学法"项目收费。

政策依据：根据《条例》，定点医药机构及其工作人员应按实际开展的诊疗项目进行收费，不得以价格高的诊疗项目串换实际进行的价格低的诊疗项目。

⑮将"丙型肝炎 RNA 测定—定性"串换"丙型肝炎 RNA 测定—定量"项目收费。

政策依据：根据《条例》，定点医药机构及其工作人员应按实际开展的诊疗项目进行收费，不得以价格高的诊疗项目串换实际进行的价格低的诊疗项目。

⑯将"手术标本检查与诊断"串换"局部切除组织活检检查与诊断"项目收费。

政策依据：根据《条例》，定点医药机构及其工作人员应按实际开展的诊疗项目进行收费，不得以价格高的诊疗项目串换实际进行的价格低的诊疗项目。

（2）手术治疗项目。

①将普通手术切口的缝合步骤串换"皮瓣成形术"进行收费。（来源：

2024 版问题清单）

政策依据：相应诊疗规范。

②将"内外踝骨折切开复位内固定术"串换"三踝骨折切开复位内固定术"收费。（来源：2024 版问题清单）

政策依据：各类骨折切开复位内固定术收费的准确性。

③将"腰椎间盘射频消融术"串换心脏电生理诊疗项目下的"射频消融术"收费。（来源：2024 版问题清单）

政策依据：《诊疗目录》中，"射频消融术"属于心脏电生理诊疗类，肿瘤消融、椎间盘消融等诊疗操作有其他对应的诊疗项目。

④将"骨折手法整复术"串换"麻醉下腰椎间盘突出症大手法治疗"收费。（来源：2024 版问题清单）

政策依据：《诊疗目录》中，中医骨折手法整复术按照部位、操作方式不同，有不同的诊疗项目。

⑤将"血液滤过"串换"血液透析滤过"收费。（来源：2024 版问题清单）

政策依据：根据《全国医疗服务价格项目规范（2012 年版）》，血液透析滤过是将病人血液引出体外并利用血液滤过器进行血液透析加滤过治疗。血液滤过则是将病人血液引出体外并利用血液滤过器进行血液滤过治疗，不包括透析。

⑥将"伤口清创术"串换"超声清创术"项目收费。

政策依据：根据《诊疗目录》，超声清创术指超声清创机清创，含清创后创面包扎。未使用超声清创机不得收取"超声清创术"费用。

⑦将"腰椎手术（腰椎狭窄、滑脱手术）"串换"骨化性肌炎局部切除术"项目收费。

政策依据：根据诊疗规范，腰椎手术患者收取"骨化性肌炎局部切除术"费用，必须有"骨化性肌炎"术前诊断或影像学支持。

⑧将"静脉穿刺置管术"串换"中心静脉穿刺置管术"项目收费。

政策依据：根据《诊疗目录》，静脉穿刺置管术指使用 PICC 导管进行的外周静脉穿刺，不得串换为中心静脉穿刺置管术进行收费。

⑨将"经皮冠状动脉腔内成形术（PTCA）"串换"经皮冠状动脉内支架置入术（STENT）"项目收费。

政策依据：根据《诊疗目录》，经皮冠状动脉腔内成形术（PTCA）含术前的靶血管造影；经皮冠状动脉内支架置入术（STENT）含为放置冠脉内支架而进行的球囊预扩张和支架打开后的支架内球囊高压扩张，不得串换收费。

⑩将"带电极片的常规理疗项目"串换"中医定向透药疗法"项目收费。

政策依据：根据《诊疗目录》，中医定向透药疗法指在中医定向药透仪等同类设备的导引下，将治病或镇痛的药物直接从皮肤定向送到组织伤害的病灶部位。配用的电极片不含任何药物成分，不得收取中医定向透药疗法费用。

⑪将"拔牙局部麻醉"串换"神经阻滞麻醉或周围神经封闭术或周围神经连续阻滞镇痛或神经阻滞治疗"项目收费。

政策依据：根据《诊疗目录》，神经阻滞麻醉指颈丛、臂丛、星状神经和侧隐窝等部位神经阻滞，拔牙使用的局部麻醉不得串换收取相关神经阻滞麻醉费用。

⑫将"连续性血液净化"串换"连续性血液净化时，未使用液体电加温装置而串换收取输血、输液加温治疗费用"项目收费。

政策依据：根据《诊疗目录》，输血、输液加温治疗指使用液体电加温装置进行输血、输液加温，未使用液体电加温装置的不得收取输血、输液加温治疗费用。

⑬将"小换药"串换"大换药、特大换药"项目收费。

政策依据：根据《诊疗目录》，"换药（特大）"为创面50（不含）cm^2以上或长度25（不含）cm以上，"换药（大）"为创面30（不含）cm^2—50（含）cm^2或长度15（不含）cm—25（含）cm。开展腹腔镜等微创手术，或手术切口长度小于15cm时不得收取大换药、特大换药费用。

⑭将"鼻饲"串换"肠内高营养治疗"项目收费。

政策依据：根据《诊疗目录》，肠内高营养治疗指经腹部造瘘置管的胃肠营养治疗，限不能进食的患者。对于鼻饲或无腹部造瘘置管患者，不得串换为肠内高营养治疗进行收费。

⑮将"低频脉冲电治疗"串换"电子生物反馈疗法、妇科特殊治疗"项目收费。

政策依据：根据《诊疗目录》，低频脉冲电治疗指感应电治疗、神经肌肉电刺激治疗、间动电疗、经皮神经电刺激治疗、功能性电刺激治疗、温热电脉冲治疗、微机功能性电刺激治疗、银棘状刺激疗法（SSP），不得串换为电子生物反馈疗法或妇科特殊治疗进行收费。

⑯将"腰椎间盘突出推拿治疗"串换"关节粘连传统松解术"项目收费。

政策依据：根据《条例》，定点医药机构及其工作人员应按实际开展的诊疗项目进行收费，不得以价格高的诊疗项目串换实际进行的价格低的诊疗项目。

⑰将"拔牙创面搔刮术"串换"根尖搔刮术"项目收费。

政策依据：根据《诊疗目录》，拔牙创面搔刮术含干槽症、拔牙后出血、拔牙创面愈合不良，不得串换为根尖搔刮术进行收费。

⑱将"口腔局部止血"串换"清创缝合"项目收费。

政策依据：根据《诊疗目录》，口腔局部止血指拔牙后出血、各种口腔内局部出血的清理创面、填塞或缝合止血，不得串换为清创缝合进行收费。

⑲将"非超激光原理的仪器实施治疗的项目"串换"超激光疼痛治疗"项目收费。

政策依据：根据《条例》，定点医药机构及其工作人员应按实际开展的诊疗项目进行收费，不得以价格高的诊疗项目串换实际进行的价格低的诊疗项目。

⑳将"子午流注开穴法（使用仪器开展）"串换"子午流注开穴法"项目收费。

政策依据：根据《诊疗目录》，子午流注开穴法（使用仪器开展）按"次"进行收费，不得串换为子午流注开穴法按"每个穴位"进行多收费。

㉑将"疾病健康教育"串换"引导式教育训练"项目收费。

政策依据：根据《诊疗目录》，疾病健康教育指群体健康教育；引导式教育训练指对智力、行为有障碍的患者进行注意力、操作能力、模仿能力康复训练。二者不得串换收费。

㉒将"可见光治疗"串换"红外线治疗"项目收费。

政策依据：根据《诊疗目录》，可见光治疗指红光照射、蓝光照射、蓝紫光照射、太阳灯照射；红外线治疗指远、近红外线：TDP、近红外线气功治疗、红外线真空拔罐治疗、红外线光浴治疗、远红外医疗舱治疗。二者不得串换收费。

（3）护理项目。

①将"级别护理、一般专项护理"串换"特殊疾病护理"项目收费。

政策依据：根据《诊疗目录》，"特殊疾病护理"物价项目内涵指甲类传染病、按甲类管理的乙类传染病、气性坏疽、破伤风、艾滋病等特殊传染病和耐药菌感染、器官及骨髓移植患者、核素剂量≥30mci治疗患者的护理。在无上述疾病诊断或未接受核素剂量≥30mci治疗的情况下，级别护理、一般专项护理不得收取特殊疾病护理费用。

②将"大通间床位或双人间床位（护理）"串换"层流洁净病房"项目收费。

政策依据：根据《诊疗目录》，层流洁净病房指达到规定洁净级别、有层流装置的层流洁净间，采用全封闭管理，有严格消毒隔离措施及对外通话系统，大通间床位或双人间床位患者不得按层流洁净病房收费。

③将"抗肿瘤化学药物配置"串换"静配室未达标收取抗肿瘤化学药物配置费用"项目收费。

政策依据：根据《诊疗目录》，抗肿瘤化学药物配置指在符合静脉药物集中配置管理规定、有严格消毒隔离措施的中心配置间或普通药物配置间进行抗肿瘤化学药物配置。

（4）耗材类。

①开展经皮冠状动脉腔内成形术，术中使用普通球囊，串换为药物涂层球囊收费。（来源：2024版问题清单）

政策依据：球囊使用的真实性。

②开展切开复位内固定术，术中使用普通接骨螺钉串换自攻型锁定钉收费。（来源：2024版问题清单）

政策依据：普通接骨螺钉、自攻型锁定钉等一次性高值耗材使用的真实性。

③开展数字化摄影（DR），将胶片等一次性耗材费用串换为诊疗项目费用。（来源：2024版问题清单）

政策依据：《诊疗项目》中，X线摄影分类项目下，以胶片尺寸命名的项目实际是诊疗项目含曝光、冲洗、诊断和胶片等费用，非胶片等一次性耗材使用费用。

3. 将无须收费的项目串换成医保目录内项目进行医保结算

（1）将住院静脉注药串换"住院静脉输液"或"静脉注射"项目收费。

政策依据：根据《诊疗目录》，医保目录内没有的医疗服务项目不允许进行收费，更不得套用医保目录内的项目进行收费。

（2）将"部分新开展的未获有关部门审批且无收费标准的手术、检查、治疗项目"串换"医保目录内诊疗服务项目"收费。

政策依据：根据《诊疗目录》，医保目录内没有的医疗服务项目不允许进行收费，更不得套用医保目录内的项目进行收费。

第三节　内控制度未完善违规类型

一、未建立医疗保障基金使用内部管理制度，或者没有专门机构或人员负责医疗保障基金使用管理工作

1. 案例描述

> 🖐 **案例一**
>
> 2022 年 2 月 17 日，某市医保行政部门在对医疗机构进行年度例行抽检时发现，某护理院医保管理制度非常简单，没有针对医保基金使用的专项管理制度，也没有医保政策宣传培训计划及相关培训记录。 检查人员当即要求该护理院立即整改，并约谈主要负责人。 2022 年 5 月 28 日，医保行政部门再次到该护理院进行"回头看"，发现该护理院仍未按要求进行整改，即处以行政罚款 2 万元。

> 🖐 **案例二**
>
> 某社区医院有编制床位 150 张，2020 年底当地医保行政部门到该医院医保办检查日常管理工作，该医院门诊办公室主任带人迎检。 检查人员在查阅医院制度文件时发现，该医院医保办并未设独立建制，与门诊办公室实为同一部门，医保管理工作均由门诊办公室人员兼管，日常医保相关业务由门诊收费员完成，院内从未开展医保政策相关制度专项学习及培训，也未查见院内开展医保基金监管相关工作通报情况。 对此，该医院解释为：因人手紧张而合署办公。

2. 政策依据

《条例》第十四条规定：定点医药机构应当建立医疗保障基金使用内部管理制度，由专门机构或者人员负责医疗保障基金使用管理工作，建立健全考核评价体系；应当组织开展医疗保障基金相关制度、政策的培训，定期检

查本单位医疗保障基金使用情况，及时纠正医疗保障基金使用不规范的行为。

《定点管理办法》第六条规定：有 100 张床位以上的医疗机构应设内部医保管理部门，安排专职工作人员。

二、未按照规定保管财务账目、会计凭证、处方、病历、治疗检查记录、费用明细、药品和医用耗材出入库记录等资料

1. 案例描述

> 👆 **案例**
>
> 某医院在 2019 年晋升为三级医院后，因服务范围扩大，患者数量剧增，原先用于储存发票底单的库房已饱和，无法再放置更多的票据资料。经院领导和后勤保障部门协调后，该医院将停车场负二层一间闲置的房间交由财务部门管理，用于储存发票存根联。该房间位于排水管道的必经之处，因水管老化于 2022 年出现破裂渗水，导致部分发票损毁。在随后的医保局日常检查中，该医院部分发票资料因损毁无法提供。

2. 政策依据

《中华人民共和国民法典》第一千二百二十五条规定：医疗机构及其医务人员应当按照规定填写并妥善保管住院志、医嘱单、检验报告、手术及麻醉记录、病理资料、护理记录等病历资料。

《中华人民共和国发票管理办法》第二十八条规定：已经开具的发票存根联，应当保存 5 年。

三、未按照规定通过医疗保障信息系统传送医疗保障基金使用有关数据

1. 案例描述

> 👆 **案例**
>
> 2022 年 7 月，某市医疗保障局对定点医药机构医保系统进行升级改造，要求辖区内所有医药机构于 8 月底前完成机构系统更新工作。9 月中

旬，该局在对定点医药机构开展现场检查的过程中发现，某二级医院未按下发工作通知要求实时更新接口文档，导致 2022 年 8 月的病案信息上传错误，给相关工作带来不便。为此，医保行政部门要求该医院立即整改并约谈主要负责人。

2. 政策依据

《条例》第十六条规定：定点医药机构应当及时通过医疗保障信息系统全面准确传送医疗保障基金使用有关数据。

四、未按照规定向医疗保障行政部门报告医疗保障基金使用监督管理所需信息

1. 案例描述

> 🖑 **案例**
>
> 　　2023 年，某市一家二级综合医院因数据传输不全引起了当地医保局关注。该医院在升级其内部信息系统时，未充分考虑与医保信息系统的对接问题。由于技术接口标准不一致，导致医院信息系统与医保信息系统之间无法实现有效数据传输。尽管医院方面多次尝试进行技术调整，但问题始终未能得到根本解决，严重影响了医保数据的及时性和准确性。同时，该医院在数据传输的全面性和有效性方面也存在问题。对于某些高值耗材或特殊检查项目的使用情况，医院可能未将其纳入传送范围；对于部分异常数据，医院可能进行了人为修改或删除。当地医保局进入医院进行现场检查，最终确认存在此类违规，下达了立即整改意见书并约谈有关负责人。

2. 政策依据

《条例》第十六条规定：定点医药机构应当按照规定向医疗保障行政部门报告医疗保障基金使用监督管理所需信息。

《定点管理办法》第二十一条规定：定点医疗机构应向医疗保障部门报告医疗保障基金使用监督管理及协议管理所需信息。

五、未按照规定向社会公开医药费用、费用结构等信息

1. 案例描述

> **案例**
>
> 　　某区卫生健康局综合监督执法队在对一家被举报的口腔诊所进行调查时发现，该诊所持有效"医疗机构执业许可证"，核准诊疗科目为口腔科，医生也持有效"医师执业证书"，执业范围为口腔专业。 执法人员现场查阅了该诊所 2020 年至 2022 年的门诊日志，发现到该机构拔牙的患者较多，同时查见 9 份拔牙知情同意书和 1 张拔牙收费明细，但在该诊所公示的价目表中未见拔牙术项目的收费目录。 执法人员针对该诊所未公示拔牙术项目收费标准当场下达了立即整改意见书。

2. 政策依据

《条例》第十六条规定：定点医药机构应当向社会公开医药费用、费用结构等信息，接受社会监督。

《医疗机构内部价格行为管理规定》第十五条规定：医疗机构可采用机构官网、电子触摸屏、电子显示屏、公示栏、公示牌、价目表等方式，在服务场所显著位置公示常用医疗服务项目、药品、医用耗材的价格，保障患者的查询权和知情权。

六、除急诊、抢救等特殊情形外，未经参保人员或者其近亲属、监护人同意提供医疗保障基金支付范围以外的医药服务

1. 案例描述

> **案例一**
>
> 　　2022 年 8 月，某市医疗保险基金管理中心开展定点医药机构日常稽核工作，在某三甲医院发现多例因使用自费项目未事先告知的医患投诉案

例。 经病历抽查，发现该医院多个临床科室的医生收治非危重症参保患者时，事先未征得患者及其亲属同意并签字确认，擅自使用自费目录药品（如改善循环药物前列地尔注射液、盐酸川芎嗪氯化钠注射液等）、自费检验检查项目（如 α 和 β 地中海贫血的基因突变检查、卒中风险评估等）、自费手术治疗项目（如营养综合评定、吞咽球囊扩张训练等），导致与患者及其亲属发生费用负担纠纷，涉及费用达 2.48 万元。

案例二

2022 年 8 月，某市医疗保险基金管理中心接到患者投诉：某医院未经患者同意使用自费药品。 经核查，该患者入院时签署了一份贵重检查及治疗知情同意书，但知情同意书上未明确列举检查及治疗项目。 患者因术后病情需要，进一步进行病理学细胞检查，需收取"细胞病理学检查与诊断加收（超过两张涂压片）"等自费检验检查项目费用，但该医院在收费前未明确告知患者或其亲属，患者或其亲属也未在知情同意书上签字确认，涉及费用 200 余元。

2. 政策依据

《条例》第十五条规定：定点医药机构应当确保医疗保障基金支付的费用符合规定的支付范围；除急诊、抢救等特殊情形外，提供医疗保障基金支付范围以外的医药服务的，应当经参保人员或者其近亲属、监护人同意。

当地医保管理部门发布的诊疗目录、药品目录、耗材目录对于医保目录内的药品、检验检查、手术、治疗、耗材等医药服务项目作了明确界定。

七、拒绝医疗保障等行政部门监督检查或者提供虚假情况

1. 案例描述

案例一

X 市医保局接到城乡居民参保人员李某某投诉电话：当日，李某某接到某医院对高血压出院患者的随访电话，称 2022 年 4 月 16—21 日李某某

因高血压Ⅲ级在该医院住院治疗，但该时间段李某某一直居住在 Y 市，且未曾住院。该市医保局立即安排人员到该医院进行情况核查，发现该医院医生张某某冒用李某某的医保待遇为其亲戚高某某办理住院治疗高血压病。在医保局工作人员对张某某进行询问时，张某某一直坚称是李某某本人住院，直至医保局工作人员出示李某某在 Y 市居住的证据，张某某才承认冒名住院的事实。本案涉及违规使用医保基金 18 089.21 元。

2. 政策依据

《条例》第二十九条规定：医疗保障行政部门进行监督检查时，被检查对象应当予以配合，如实提供相关资料和信息，不得拒绝、阻碍检查或者谎报、瞒报。

（本章主要关注依据《条例》判断的违规行为，此类违规行为可能同时触犯其他法律或规章制度，在此不再详述。）

第五章

定点零售药店医保基金安全管理

第一节　基本要求

定点零售药店医保基金安全使用管理离不开组织保障和制度规范，《零售药店医疗保障定点管理暂行办法》和服务协议书给出了具体指引。

在组织保障方面，服务协议一般要求：定点零售药店主要负责人负责医保工作；药品零售连锁企业下属定点零售药店达到 10 家及以上的，应当成立医保管理部门；下属定点零售药店 3~9 家的，应当配备专职医保管理人员；下属定点零售药店 1~2 家的，应当配备兼职医保管理人员。[①]

在制度管理方面，服务协议一般要求定点零售药店管理和提供各类资料、管理和上传进销存台账、保持信息系统畅通等，为医保基金监管打好信息基础；配合国家医疗保障信息平台—医疗保障智能监管子系统和本地医保大数据监管及风控系统，及时审核医保结算数据的规范性，并积极开展自查自纠；不得违反《条例》和《零售药店医疗保障定点管理暂行办法》的规定。药品零售连锁企业对其下属定点零售药店负有管理责任，药品零售连锁企业应当建立针对下属定点零售药店的管理制度，明确双方权利义务，定点

---

① 基本要求主要参考广东省某市医疗保障定点零售药店服务协议书，其他地区医疗机构请依据本地医保协议内容。

零售药店出现违约情况的，所属药品零售连锁企业应当承担相应责任。

第二节　零售药店管理模式

分析以往曝光的违法违规案例可以发现，定点零售药店的违法违规行为多为用医疗保障基金个人账户支付食品、日用品或虚假结算医保费用等方面，主观上存在骗保的故意。所以，在进行医保基金内部监管工作中，定点零售药店管理者首先要端正思想，树立自觉维护医保基金安全的正确观念，主动学习《条例》及相关典型案例，树立"红线"意识，莫怀侥幸心理。

另外，定点零售药店要制定药店医保工作岗位有关人员职责制度，药品零售连锁企业应当建立针对下属定点零售药店的管理制度。以工作制度规范医保定点零售药店基础业务工作，严格遵守医疗保险各项规定制度，杜绝一切医保违规行为的发生。认真执行劳动保障、药监、物价等行政部门的有关政策规定，准时与医保经办机构签订医疗保险定点服务协议，严格按协议规定履行对应权利和服务。

定点零售药店还需按服务协议要求配备充足的医保专（兼）职管理人员，建立医保领导小组。医保领导小组的职责包括：建立健全由医保管理负责人、药师、物价收费员、计算机信息管理员等人员构成的管理网络小组及医保服务质量考核小组。负责建立医保服务管理制度和医保业务质量考核体系；制定与医疗保险有关的管理措施和考核措施，建立健全药物管理制度和财务管理制度，建立进销存管理系统，财务账目健全、清晰，有专人负责医保药物的维护和管理。药店店长为本门店医保管理负责人，负责对本门店的药物安全配药行为、处方药物管理、合理收费、优质服务等方面进行监督管理。

第三节　零售药店管理实施

定点零售药店应当根据医保管理以及行业自律的相关要求，建立健全各项医保内部管理制度，包括但不限于药品、医疗器械、医用耗材进销存管理制度，医保处方审核制度，医保药师和从业人员管理制度等。主要负责人负责医保工作，配备专（兼）职管理人员，实施医保管理，开展政策宣传，公布咨询电话，提供咨询服务。主要负责人每半年要听取一次内部医保管理部门关于医保工作的报告。

（一）价格公示

定点零售药店的管理者要按照公平、合理、诚实信用和质价相符的原则制定价格，遵守物价管理部门制定的药品价格政策。公布药品价格、医保支付价格，价格标签标注清晰。

（二）医保政策培训

定点零售药店的医保管理人员要积极参加由医保行政部门或经办机构组织的宣传培训。组织开展医疗保障基金相关制度、政策的培训，定期检查本单位医疗保障基金使用情况，及时纠正医疗保障基金使用不规范的行为。对全体工作人员定期开展医疗保障基金监管、诚信政策培训，保存培训台账。

（三）核对参保人员信息

定点零售药店的收费人员应核对参保人员有效身份凭证，通过身份识别、视频监控，严格执行实名就医购药制度，确保人证相符。特殊情况下为他人代购药品、医疗器械、医用耗材的，应出示本人和被代购人身份证。为参保人员提供医保药品费用直接结算单据和相关资料，参保人员或购药人应在购药清单上签字确认。

（四）处方管理

医保目录内处方药需凭处方销售，药店药师应当对处方进行审核、签字后调剂配发药品，不可超量开药。定点零售药店可凭定点医疗机构开具的电子外配处方销售药品，应核验处方使用人与参保人员身份是否一致，医保处方上的姓名、社会保障号码、年龄、性别须与有效身份凭证信息相符。外配处方必须由定点医疗机构医师开具，有医师签章。医保药师通过医保外购处方信息共享平台查验真实性后，方可进行医保记账。

医保处方所用药品品种数和用量须符合参保人员实际病情并有相应疾病诊断等相关信息。收费人员若发现医保处方存在疾病诊断与药品说明书适应症、中成药的功能主治明显不符、字迹不清、涂改、伪造、变造或者不按照处方规定剂量、数量要求（若规格不一，药品调剂数量差异不得超过一个最小零售包装单位）等违反《处方管理办法》等用药规定的情形，不得予以医保记账。定点零售药店应将参保人员医保目录内药品外配处方、购药清单等保存2年。

（五）资料管理

在进销存信息管理中，定点零售药店的采购人员应尽量在医疗保障行政部门规定的平台上采购药品，并真实记录"进、销、存"情况。信息管理人员要按要求及时如实向统筹地区经办机构上传参保人员购买药品的品种、规格、价格及费用信息，定期向经办机构上报医保目录内药品的"进、销、存"数据，按时做好日对账、月对账工作。按照医保实时结算及监管要求建立信息系统，实现医保交易信息、药品、医疗器械和医用耗材进销存业务信息实时上传。

医保经办机构开展医保费用审核、现场检查、绩效考核等工作时，定点零售药店的管理者要积极配合，接受医疗保障行政部门的监督检查。向医保经办机构提供药品、医疗器械、医用耗材等数量和价格，相关成本、资源消耗、薪酬分配等数据资料；向医疗保障行政部门报告医疗保障基金使用监督管理所需信息。

第四节　零售药店自查自纠

一、自查自纠负面清单

2022年国家医保局官网曝光的53例典型案例中，多起定点零售药店涉嫌欺诈骗取医保基金的行为被"点名"。2023年，定点零售药店被正式纳入国家医保飞行检查范围，标志着定点零售药店将迎来更明确、更严格的监管。国家医保局在 2024 年 4 月发布飞检工作通知后，5 月基金监管司即对一心堂药业集团股份有限公司有关负责人进行了约谈，指出一心堂旗下一些定点连锁门店存在串换药品、超量开药、为暂停医保结算的定点零售门店代为进行医保结算、药品购销存记录不匹配、处方药销售不规范等问题，造成医保基金损失。发生这些违法违规行为的门店已被属地医保管理部门作出暂停拨付或追回医保基金、处以违约金或行政罚款等处理处罚。

随着医药分离改革的推进，未来将会有越来越多的医保药品进入药店销售，在这种情况下，加强监管、全面监管将是大势所趋。为方便定点零售药店开展自查自纠，本书特整理了广东省、海南省等地医保管理部门发布的负面清单（见表 5-1）。如果定点零售药店属地医保管理部门已发布负面清单，负责人可以根据负面清单开展自查自纠；如果尚未发布，负责人可以对照此负面清单内容，以抽样检查、信息系统对账等方式开展自查自纠工作。

表 5-1　定点零售药店医保基金使用负面清单

违规类型	序号	具体项目
一般违规	1	为参保人员利用其享受医疗保障待遇的机会转卖药品，接受返还现金、实物或者获得其他非法利益提供便利
	2	未按要求向异地购药参保人员提供异地购药直接结算服务
	3	向参保人员提供的处方或非处方药品违反用药管理有关规定
	4	外配处方或限定支付范围的医保药品无医保药师审核，或医保药师未规范核验，造成医保基金损失
	5	未核验疾病诊断书、病历或者有明确诊断的医保处方等疾病证明资料，对有限定支付范围医保药品进行医保记账
	6	在营业时间内无医保药师为参保人员提供药事服务，或冒用其他医保药师名义且发生医保记账
	7	重复结算药械耗费用等乱收费行为
	8	销售的药械未按规定明码标价，使用社会保障卡和现金购买价格不一致
	9	在参保人员使用社会保障卡购药时，提供的药品费用清单内容与实际购买药品不一致

（续上表）

违规类型	序号	具体项目
一般违规	10	未严格执行医保基金支付范围的规定，允许或者协助参保人使用医保基金支付医保规定范围外的商品
	11	未做好参保人员身份核验、委托代购身份核验，造成医保基金损失
	12	为非定点零售药店、中止医保协议期间的定点零售药店或其他机构进行医保费用结算
	13	协议期内国家谈判药品零售价格高于国家谈判药品医保支付标准
	14	未按照市场监管行政部门批准的经营范围经营，发生医保记账
	15	留置、押放参保人员医疗保障凭证，发生医保记账
	16	售卖过期、失效、淘汰药械耗，发生医保记账
	17	未建立完善的药品、耗材进、销、存管理制度及实行计算机系统管理，发票未按有关规定保存备查，所提供的资料不真实、不准确、不完整
	18	进销存台账不能做到票账货相符，且进货量小于销售量加库存量
	19	通过买赠、减免费用、搭售药品、办理会员（年卡）等方式诱导参保人购药
欺诈骗保	20	存在将非医保药品或其他商品串换成医保药品，倒卖医保药品或套取医疗保障基金
	21	通过伪造、变造票据、账目、凭证，伪造处方或参保人费用清单等方式骗取医保基金
	22	串通、伙同或者协助参保人员使用医保凭证、医保卡实施个人账户兑换，套取现金
	23	与参保人员、第三方串通骗取医保基金（如冒名取药、虚假领药、留存患者医保卡、刷卡项目与购药不符等）
	24	虚构或伪造虚假检验报告、处方等报销资料，骗取医保基金
	25	拒绝、阻挠或不配合经办机构开展必要的监督检查
	26	协议有效期内累计3次被暂停协议或暂停协议期间未按时限要求整改或整改不到位

（续上表）

违规类型	序号	具体项目
医保管理问题	27	经检查或评估不符合定点零售药店基本条件且未在限改期内整改到位
	28	未建立健全医保业务内部管理制度
	29	未配备专（兼）职医保管理人员
	30	未做好机构医保药师申请登记、审核、校验、备案、培训等，或未执行医保政策和履行协议情况的监督管理与考核工作，或未将医保药师的签名式样留样备查
	31	未定期组织开展医疗保障基金相关制度、政策的培训，未定期检查本单位医疗保障基金使用情况，未及时纠正医疗保障基金使用不规范的行为
	32	未在机构显要位置悬挂定点零售药店标识，未公布投诉举报渠道和本机构咨询电话，未设置医保购药宣传栏，未及时处理举报投诉或社会监督反映的问题
	33	被吊销"药品经营许可证"或"营业执照"
	34	"药品经营许可证""营业执照"名称、法定代表人、企业负责人、实际控制人、注册地址和药品经营范围等重大信息没有与医保管理部门登记一致并按时限要求办理重大信息变更
	35	未按要求妥善保管和使用医保刷卡、移动支付有关设备，将其转借、赠与他人或改变使用场地
	36	未按照规定保管财务账目、会计凭证、处方、病历、治疗检查记录、费用明细、药品和医用耗材出入库记录等资料，未及时通过医保信息系统全面、准确传送医疗保障基金使用有关数据
	37	未指定专人负责信息系统的管理，专职管理人员名单未上报医保管理部门备案
	38	未按有关标准和要求配备设施设备，通过专线与医保信息系统联网
	39	未采取有效措施安全隔离信息系统与外部网络
	40	为不具备医保结算资格的分支机构或其他机构提供医保结算专用网络接入
	41	未严格执行信息保密制度，导致参保人购药等个人信息隐私泄露

（续上表）

违规类型	序号	具体项目
医保管理问题	42	未做好与医保结算相关的信息系统维护工作，相关设备不能稳定运行，参保人购药刷卡服务不能正常开展
	43	网络及系统出现故障未及时报告医保管理部门，未向参保人做好解释工作
	44	未严格按照要求配合做好与医保管理部门有关监管信息系统联网，不能实时自动传送参保人购药等数据，数据不真实、不完整、不准确，未做好数据备份工作

二、进销存检查路径

定点零售药店进销存自查主要涉及药品、医疗器械、医用耗材，需要对以下数据资料的"进货—销货—存货"进行对账。若定点零售药店被认定出现医保基金违规使用问题，所属药品零售连锁企业的法人可能要承担法律责任，因此药品零售连锁企业不能仅依赖定点零售药店自查，也要自行组织检查。可重点关注以下方面：

（1）与药品上市许可持有人、生产厂家（进口商）、供应商的采购记录，随货同行单据（票）、采购发票、每次采购或者配送的电子台账或者纸质清单等各类材料。药品采购记录包含药品的通用名、剂型、规格、批号、有效期、上市许可持有人、生产企业、购销单位、购销数量、购销价格、购销日期以及国务院药品监督管理部门规定的其他内容。采购中药材、中药饮片的，还应当标明产地信息。医疗器械、医用耗材采购记录包括医疗器械、医用耗材的名称、规格（型号）、注册证号或者备案凭证编号、单位、数量、单价、金额、供货者、购货日期等。采购发票内容包括药品名称（通用名、商品名）、规格、采购单价、数量、购进日期等信息。

（2）药品、器械、耗材的购进、配送、调拨记录，进销存电子台账（包含每次采购和配送含增值税及物流成本的采购价）。

（3）药品零售连锁企业下属定点零售药店需提供向药品零售连锁企业采购的发票和购进、配送、退货等调拨记录。

进销存自查的重点在于票账货相符，即账本记录、药品、医疗器械、医用耗材采购发票或者发票所附清单记录和销售给参保人员的药品、医疗器械、医用耗材名称（通用名、商品名）、生产厂家、规格、数量、批号（药品必须有）应当与实物相符。在自查过程中，如果发现无法对应的清单记录，说明可能存在重复收费、超标准收费、串换项目收费、超医保支付范围记账等违规情形，需要进一步进行现场检查。

三、整改工作

定点零售药店需按属地医保管理部门发布的负面清单开展自查自纠，并限时完成整改工作，此外，还需实现下列管理提升：

（1）信息化水平需提升。药店需严格遵守信息化监管要求，接入国家医保信息平台，确保医保编码的准确应用，实现参保人身份信息验证、电子处方下载、一站式医保结算等功能的完善。此外，对"双通道"管理药品的适应症审核，也需要借助信息化手段，确保信息甄别和处方审核的严谨性。

（2）药店总部医保服务专业度需提升。随着医保统筹基金结算权限的逐步放开，药店总部在医保统筹与服务方面的专业度需相应提升。尽管目前药店在医保服务方面难以直接复制医疗机构的做法，但仍需提前规划，培养专业的医保服务团队，以高标准要求自己，树立品牌信任。

（3）连锁药店总部监管内控智慧需提升。面对高压的监管态势和违规结算的责任判定，连锁药店总部需展现管理智慧，在严格执行医保要求的同时，确保参保人的服务体验。同时，总部应总结门店服务经验，及时指导更多门店，以适应"智能监管+人工复审"的监管新趋势。通过智能监管系统的前置化报警风险情形，药店可以避免违规结算的发生，实现真正的"减负"。然而，智能监管子系统目前仍存在不足，需要医保管理部门和药店紧密合作，共同完善其算法和模型。

第六章

定点零售药店医保基金使用违法违规行为

零售药店医疗保障定点管理是医疗保障制度的重要组成部分，也是便利和保障参保人用药的重要渠道。随着定点零售药店被逐步纳入门诊统筹管理，以及谈判药品实行"双通道"管理等工作的有序展开，医保支付覆盖范围不断扩大。定点零售药店的违法违规行为监管是未来医疗保障基金监管的重点之一。

第一节　骗保行为

一、违规类型

（一）诱导、协助他人冒名或者虚假购药

1. 案例描述

> 案例一
>
> 2021年1月25日，李某捡到王某丢失的医保卡，发现其医保个人账户有2 800元，且卡上写有密码。某定点零售药店林某与李某为朋友关系，得知此情况后告知李某可以使用王某的医保卡进行购药。李某受到

教唆，认为这是一个"天上掉下的馅饼"。 随后，在医保卡持有人王某不知情的前提下，李某分别到该区两家定点零售药店购药，并用王某的医保卡结算。 而在李某购药过程中，药店工作人员明知李某非医保卡卡主，仍然同意其利用王某的医保卡结算，将王某医保个人账户中的 2 800 元用完，造成医保基金损失。

🖐 案例二

2021 年 4 月上旬，陈某（男性）通过冒用李某（女性）的医保待遇，出现了较高频次的大额购药情况，并曾开具花红片（女性用药）等药品，共违规使用医保基金 1 342 元。 在陈某购药过程中，定点零售药店工作人员明知陈某非医保卡卡主，仍然同意其利用他人医保卡结算，造成医保基金损失。

🖐 案例三

某大药房为定点零售药店，其法定代表人楼某计划通过将医保卡内的个人账户金额返还给持卡人，从而使持卡人同意将医保卡存放在其药店，以便药店在不出售任何药品的情况下进行空刷。 于是楼某伙同其父亲收集亲友的医保卡，在其药店内进行空刷，套取 60% 的医保基金。 2022 年 1 月，楼某开始雇用"群众演员"，以"一人一卡"的方式轮流刷卡，以此应付医保监控。 短短 5 个月，楼某等人骗取基本医疗保险统筹基金合计 19.5 万元。

2. 政策依据

《条例》第十五条规定：定点医药机构及其工作人员应当执行实名就医和购药管理规定，核验参保人员医疗保障凭证。不得诱导、协助他人冒名或者虚假购药。

（二）串通他人虚开费用单据

1. 案例描述

> 👆 **案例一**
>
> 　　2022 年 7 月，某地级市医疗保障局稽核人员通过视频监控以及调取某药房大额结算单据信息，发现持卡购药人吴某某并非参保人员本人，且存在较高频次的大额购药情况。经核实，该药房存在将保健品串换成医保药品售卖、协助他人冒名购药、未在本药店购买达格列净等药品却开具相应费用单据、留滞医保卡进行结算等违法违规行为，造成医保基金损失30.95 万元。

> 👆 **案例二**
>
> 　　2021 年 12 月底，某县医保局工作人员在复核手工（零星）报销发票时，发现患者朱某的门诊慢性病发票存疑，随即开展进一步调查。检查人员发现，朱某 2021 年 12 月 23 日当天仅在某大药房购买 1 盒小活络丸，该药店却为其开具丹七片 16 盒、阿司匹林肠溶片 20 盒、非洛地平缓释片30 盒、阿托伐他汀钙片 30 盒、硝苯地平缓释片 10 盒的发票，合计金额2 514.5 元。除小活络丸自用外，其余虚开发票中所涉及的药物均未取药，所涉及的个人支付部分由药店以现金形式返还给朱某。因该药房虚开发票 2 514.5 元，造成医保基金损失。

2. 政策依据

《条例》第十五条规定：定点医药机构及其工作人员应当按照诊疗规范提供合理、必要的医药服务，向参保人员如实出具费用单据和相关资料。

《中华人民共和国发票管理办法》第三条、第二十一条规定：发票指在购销商品、提供或者接受服务以及从事其他经营活动中，开具、收取的收付款凭证；发票包括纸质发票和电子发票；电子发票与纸质发票具有同等法律效力；开具发票应当按照规定的时限、顺序、栏目，全部联次一次性如实开具，开具纸质发票应当加盖发票专用章；任何单位和个人不得开具与实际经营业务情况不符的发票。

（三）虚构医药服务项目

1. 案例描述

👆 **案例一**

2021 年，某市医疗保障局在日常检查中发现，某连锁大药房分店存在药品费用结算违规的问题。 检查人员通过数据比对发现，该药店在 2021 年 1 月 1 日至 4 月 30 日期间部分药品（如醋延胡索、甘草片、合欢花等）无销售记录、无库存，但在医保系统实际报销金额 76 794.67 元，造成医保基金损失。

👆 **案例二**

2024 年 1 月，某县医保局在对某定点零售药店进行职工门诊统筹的专项检查中，通过提取 2023 年中药饮片销售数据、HIS 结算数据、中药饮片入库数据，发现 2023 年 11—12 月中药饮片医保报销数据与销售数据不符，医保报销中药饮片数量远大于进货量。 该药店虚构部分中药饮片，查实违规使用医保基金 18 712.07 元。

2. 政策依据

《条例》第二十条规定：医疗保障经办机构、定点医药机构等单位及其工作人员和参保人员等人员不得通过伪造、变造、隐匿、涂改、销毁医学文书、医学证明、会计凭证、电子信息等有关资料，或者虚构医药服务项目等方式，骗取医疗保障基金。

（四）为非定点零售药店提供结算服务

1. 案例描述

🖐 **案例**

2022 年 1 月，某医疗保障局接匿名举报线索，反映某药店在没有取得医保定点资格的情况下，开展医保个人账户结算业务。经医保局初步调查核实，该线索涉及某大药房连锁有限公司为域内同一连锁药店所属其他两家非定点零售药店提供医保费用结算服务，共涉及 610 人次、个人账户金额 3.54 万元。

2. 政策依据

《零售药店医疗保障定点管理暂行办法》第四十条规定：医保协议解除后产生的医药费用，医疗保障基金不再结算。定点零售药店有"为非定点零售药店、中止医保协议期间的定点零售药店或其他机构进行医保费用结算的"情形，经办机构应解除医保协议，并向社会公布解除医保协议的零售药店名单。

（五）伪造、变造、隐匿、销毁医学证明、会计凭证、电子信息等相关资料

1. 案例描述

🖐 **案例一**

2018 年 5 月至 8 月，陈某持医保卡到某定点零售药店购买药品，刷卡后把卡落在该药店中。随后该药店负责人王某伪造处方（伪造患者病情及用药情况，伪造医师处方开具部分处方药）及陈某签名，盗刷其医保卡，造成医保基金损失。陈某在发现医保卡被盗刷后进行举报，医疗保障行政部门立即展开调查，查处涉案违规处方共计 26 张，涉及违规金额共计 5 514.01 元。

> **案例二**
>
> 　　2021 年 7 月，某地医保局接群众举报：某定点零售药店串通某医药公司医药代表魏某伪造处方，并按该处方售出 45 盒阿帕替尼，协助魏某骗取医保基金。后续甚至直接无处方销售阿帕替尼，空刷医保卡骗取医保基金支出，造成医保基金损失，涉及违规金额 36 225 元。

2. 政策依据

《条例》第二十条规定：医疗保障经办机构、定点医药机构等单位及其工作人员和参保人员等人员不得通过伪造、变造、隐匿、涂改、销毁医学文书、医学证明、会计凭证、电子信息等有关资料，或者虚构医药服务项目等方式，骗取医疗保障基金。

《零售药店医疗保障定点管理暂行办法》第十六条规定：定点零售药店应当凭处方销售医保目录内处方药，药师应当对处方进行审核、签字后调剂配发药品。

《零售药店医疗保障定点管理暂行办法》第三十一条、第四十条规定：参保人员应凭本人参保有效身份凭证在定点零售药店购药；在非定点零售药店发生的药品费用，医疗保障基金不予支付；定点零售药店为非定点零售药店、中止医保协议期间的定点零售药店或其他机构进行医保费用结算的，将医保结算设备转借或赠与他人、改变使用场地的，经办机构应解除医保协议。

二、整改原则

（1）根据《零售药店医疗保障定点管理暂行办法》，加强和规范零售药店医疗保障定点管理，完善药店的相关管理制度。

（2）定点零售药店提供药品服务时应核对参保人员有效身份凭证，做到人证相符。特殊情况下为他人代购药品的，应出示本人和被代购人身份证（代购人需在 POS 机刷卡凭条上签名及写上身份证号）。在人证不相符或无有效代购委托凭证的情况下，定点零售药店工作人员不应同意相关人员使用医保基金。对于明显冒用他人医保卡购药的行为应及时制止，并报相应的医保经办机构。

（3）加强宣传培训。定点零售药店应当组织相关工作人员参加由医疗保障行政部门或经办机构组织的宣传培训。定点零售药店应当组织开展医疗保障基金相关制度、政策的培训，定期检查本机构医疗保障基金使用情况，对于明显的骗保、违规行为应熟悉相应的违规情形及处理。

（4）强化法律意识，合理使用医保基金。诱导、协助他人冒名购药属于骗保行为，一旦被认定出现此类违规行为将被处以解除医保协议。医保协议解除后产生的医药费用，医疗保障基金不再结算。定点零售药店违反法律法规规定的，将被进一步依法依规处理，这对定点零售药店的经营和发展均会产生不良影响。

（5）强化外部监督。医保经办机构在日常稽核全覆盖的基础上开展专项检查。医保经办机构引入第三方服务机构，进一步提升医疗保障服务和监管水平；落实社会监督员制度，畅通举报投诉渠道，鼓励健全社会监督。

第二节　一般违规行为

一、违规类型

（一）串换项目收费

1. 案例描述

> 👆 **案例一**
>
> 将消费品串换为药品违规使用医保基金：2022年4月，某市医疗保障局在核查疑似违规数据时发现，某大药房存在"同一人连续划卡"现象。2022年6月，医保局对该药店违规使用医保基金的行为进行了立案调查。经查，2021年4月至2022年4月，该药店多次将土特产、保健品等消费品按药品刷医保凭证结算，共涉及100余人次，涉及医保基金合计102 625元。

👆 **案例二**

　　将医保目录外药品串换为医保目录内药品违规使用医保基金：2022 年 3 月，某市医疗保障局联合该市市场监督管理局对全市 30 家定点零售药店 2020 年 1 月至 2021 年 11 月使用医保基金情况进行现场检查时发现，该市某大药房涉嫌违规使用医保基金。经核实，该药店将医保目录外自费药品川贝清肺糖浆、蒲地蓝消炎口服液、清淋颗粒按医保目录内药品进行结算，涉及 300 余人次，共涉及医保违规金额 47 570.4 元。

👆 **案例三**

　　将低标准收费项目套入高标准收费项目进行医保结算违规使用医保基金：2022 年 6 月，某市医疗保障局调查发现，某大药房连锁有限公司在 2021—2022 年连续多次将国产阿卡波糖片、阿托伐他汀钙片按进口阿卡波糖片、阿托伐他汀钙片，将孟鲁司特钠片按孟鲁司特钠咀嚼片，进行医保结算，涉及 100 余人次，共涉及违规金额 31 095.6 元。

2. 政策依据

　　《中华人民共和国社会保险法》《条例》《零售药店医疗保障定点管理暂行办法》《某省医疗保障基金监管行政处罚裁量权实施细则（试行）》《某市医疗保险定点零售药店服务协议》规定，定点医药机构及其工作人员不得串换药品、医用耗材、诊疗项目和服务设施。

　　《零售药店医疗保障定点管理暂行办法》第四十条规定：定点零售药店有将非医保药品或其他商品串换成医保药品，倒卖医保药品或套取医疗保障基金情形的，经办机构应解除医保协议。

（二）超限使用医保项目

1. 案例描述

> **案例**
>
> 2023 年，某市开始将定点零售药店纳入市门诊统筹范围。2023 年 8 月，该市医疗保障局收到举报线索，反映该市某药品连锁公司涉嫌违规使用医保基金。经查，2023 年 1 月至 7 月期间，该药品连锁公司向有避孕需求的参保人出售炔雌醇环丙孕酮，并使用医保统筹基金支付。该违规行为属超医保限定支付条件，涉及医保基金合计 102 625 元。

2. 政策依据

《条例》第八条规定：医疗保障基金使用应当符合国家规定的支付范围。《国家基本医疗保险、工伤保险和生育保险药品目录（2022 年）》规定：炔雌醇环丙孕酮的限定支付条件为多囊卵巢综合症。

（三）无资质行为

定点零售药店无资质行为常见于药品采购、销售与经营许可方面，因过分追逐利益而冒险，扰乱了社会秩序，造成医保基金损失。

1. 药品无资质

（1）案例描述。

> **案例**
>
> 某地市场监管局接到群众投诉，称在某药房购买了 20 盒金纳多和 5 盒养血清脑颗粒，服用后出现胃痛、头晕等身体不适，怀疑药品质量有问题。监管部门接报后前往该药房进行检查，并要求商家提供正规进货票据。经查，该药房分别从业务员孙某手中购进 25 盒金纳多银杏叶提取物片和 10 盒养血清脑颗粒，分别以 33 元和 25 元的价格售罄，货值金额为 1 075元。该药房表示，在购入药品时，业务员孙某声称将后补相关合法进货资质材料，却一直未提供，且已失去联系。监管部门依据法规责令该药房改正违法行为，并作出没收违法所得和罚款的行政处罚。

（2）政策依据。

《中华人民共和国药品管理法》第五十五条、第九十八条规定：药品经营企业应当从药品上市许可持有人或者具有药品生产、经营资格的企业购进药品；禁止销售假药、劣药。

2. 药店未经许可从事第三类医疗器械经营活动

（1）案例描述。

> 🖱 **案例**
>
> 　　某市市场监管局收到有关部门移送线索，反映某药房未经许可从事第三类医疗器械经营活动。经查，该药房并未获得第三类医疗器械经营许可证，却于2022年12月两次从检验公司业务员手中采购"新型冠状病毒抗原检测试剂盒"120盒（每盒5支），共600支，采购价每支8元。该药房随后通过在微信朋友圈宣传等方式销售470支，销售价每支15元，销售所得7 050元均使用医保卡记账，剩余待售的130支被市场监管局查扣。

（2）政策依据。

根据《医疗器械监督管理条例》，国家对医疗器械按照风险程度实行分类管理，第三类是具有较高风险，需要采取特别措施严格控制管理以保证其安全、有效的医疗器械；从事第三类医疗器械经营的，经营企业应当向所在地设区的市级人民政府负责药品监督管理的部门申请经营许可并提交符合该条例第四十条规定条件的有关资料。

（四）为参保人员利用其享受医疗保障待遇的机会转卖药品，接受返还现金、实物或者获得其他非法利益提供便利

1. 案例描述

> 🖱 **案例**
>
> 　　2021年12月，某市医疗保障局在对定点医药机构的日常检查中发现，本市4家定点零售药店涉嫌为参保人套取职工医保个人账户基金的违规行为。经查，这4家定点零售药店为5名参保人利用其单位购买防疫物

资的机会，使用本人职工医保个人账户进行结算，然后以单位名义开具税务票据后拿回单位报销，存在套取职工医保个人账户基金的违规行为，涉及职工医保个人账户金额 14 869.9 元。

2. 政策依据

《条例》第十九条规定：定点医药机构不得为参保人员利用其享受医疗保障待遇的机会转卖药品，接受返还现金、实物或者获得其他非法利益提供便利。

（五）将不属于医疗保障基金支付范围的医药费用纳入医疗保障基金结算

1. 案例描述

> 案例
>
> 　　2023 年 11 月，某县医疗保障局在对定点零售药店开展监督检查过程中，发现某定点零售药店存在将未纳入医保定点之前发生的药品、器械等费用在纳入医保定点之后进行医保结算的违规行为。经核实，该行为违规支付医保基金 8 052.49 元，造成医保基金损失。

2. 政策依据

《条例》第十五条规定：定点医药机构应当确保医疗保障基金支付的费用符合规定的支付范围。

二、整改原则

（一）执行医保政策

加强与医保管理部门的沟通与合作，确保对医保支付政策有深入的理解和准确的执行。严格按照国家相关法规和政策要求，确保药店具备开展相关服务的资质和条件。定期对药店的服务资质进行自查和评估，确保符合相关要求。

（二）规范员工行为

加强对医保支付政策的学习和宣传，确保员工和参保人员了解哪些费用属于医保支付范围。定期对员工进行培训和考核，增强他们的专业素质和职业道德，防止人为串换项目收费。加强对员工的法律法规教育和职业道德培训，防止他们为参保人员提供违规牟利的机会。设立举报奖励机制，鼓励员工和参保人员积极举报违规行为。

（三）完善信息系统，完善价格和医保管理制度

建立严格的收费项目和价格管理制度，确保所有收费项目明确、透明。引入信息化管理系统，对收费过程进行实时监控和数据分析，确保收费准确无误。设立内部审核机制，对所有医保支付项目进行逐一审核，确保符合医保支付限定条件。加大对药店财务和结算过程的监管和检查力度，防止将不属于医保支付范围的费用纳入医保结算。

（四）强化药品管理

建立严格的药品采购和验收制度，确保从正规渠道采购药品，并对药品质量进行严格把关。定期对库存药品进行清查和检查，及时清理过期、变质等不合格药品。加强对药品销售过程的监管，确保药品销售合法、合规。

第三节　内控制度未完善

一、违规类型

（一）未建立医疗保障基金使用内部管理制度，或者没有专门机构或人员负责医疗保障基金使用管理工作

1. 案例描述

> 🖐 **案例**
>
> 2023 年 5 月，某市医保局在日常监管工作中发现，该市一家定点零售

药店存在医疗保障基金使用管理方面的问题。经检查发现，该药店未建立完善的医疗保障基金使用内部管理制度，在药品采购、销售、库存管理等方面没有明确的规章制度，导致医疗保障基金使用过程中缺乏有效监管。而且，该药店未设立专门负责医疗保障基金使用管理工作的机构或人员，在药店的日常运营中，医疗保障基金使用管理工作由普通员工兼任，缺乏专业性和独立性。对此，医保局责令其限期改正，并约谈了药店负责人。

2. 政策依据

《条例》第十四条规定：定点医药机构应当建立医疗保障基金使用内部管理制度，由专门机构或者人员负责医疗保障基金使用管理工作，建立健全考核评价体系。

（二）未按照规定保管财务账目、会计凭证、处方、病历、治疗检查记录、费用明细、药品和医用耗材出入库记录等资料

1. 案例描述

> **案例**
>
> 2021年8月，某市医疗保障局收到举报线索，反映本市某药业有限公司涉嫌违规使用医保基金。检查人员通过调取2021年1月至7月销售记录、医保系统上传数据，发现该药店部分药品（如二丁颗粒、黄芪精颗粒、十全大补膏、芪斛楂颗粒等）进销存不符，多收取医保基金共23 004.5元。该药店存在未按照规定保管药品出入库记录，同时存在虚构部分药品的违法违规行为，造成医保基金损失。

2. 政策依据

《零售药店医疗保障定点管理暂行办法》第十九条规定：定点零售药店应按要求及时如实向统筹地区经办机构上传参保人员购买药品的品种、规格、价格及费用信息，定期向经办机构上报医保目录内药品的"进、销、存"数据，并对其真实性负责。

（三）未按照规定通过医疗保障信息系统传送医疗保障基金使用有关数据

1. 案例描述

> 👆 **案例一**
>
> 　　2023 年 3 月，某市医疗保障局根据《关于开展 2022 年某市医疗保障局打击欺诈骗保专项整治行动抽查复查工作的通知》，对某药店进行现场检查、调阅资料。检查人员在调取进销存台账，与医保系统上传数据核对时发现，该药店存在销售系统的药品剂型等信息与上传至医保系统的信息不符的情况，涉及违规费用 0.59 万元。医疗保险经办中心依据"定点零售药店服务协议"作出如下处理：①对该药店负责人进行约谈，责令限期整改。②拒付全部违规费用。

> 👆 **案例二**
>
> 　　某市医疗保障局行政执法人员对某定点零售药店开展"双随机、一公开"检查，发现该药店银黄滴丸进货数小于医保结算数。经查，该药店未如实上传医保结算数据，存在串换项目，以甲药代替乙药，以药品代替日化用品、保健品、食品等上传医保结算系统等问题。

2. 政策依据

《条例》第十六条规定：定点医药机构应当及时通过医疗保障信息系统全面准确传送医疗保障基金使用有关数据。

《零售药店医疗保障定点管理暂行办法》第十九条、第二十三条规定：定点零售药店应按要求及时如实向统筹地区经办机构上传参保人员购买药品的品种、规格、价格及费用信息，定期向经办机构上报医保目录内药品的"进、销、存"数据，并对其真实性负责；在重新安装信息系统时，应当保持信息系统技术接口标准与医保信息系统有效对接，并按规定及时全面准确向医保信息系统传送医保结算和审核所需的有关数据。

（四）未按照规定向医疗保障行政部门报告医疗保障基金使用监督管理所需信息

1. 案例描述

> **案例**
>
> 2023 年 10 月，某市医保局在对该市定点零售药店进行例行监管时发现，某定点零售药店未按规定向医疗保障行政部门报告医疗保障基金使用监督管理所需信息。在深入调查后，医保局发现，该药店自 2022 年第四季度起便未再提交医疗保障基金使用情况报告，包括药品销售数据、库存变动、医保基金支付明细等，导致医保局无法及时掌握其医保基金使用情况。在已提交的报告中，医保局发现，该药店存在信息不完整的情况。其中，药品销售数据仅提供了部分药品的销售额，未涵盖所有医保目录内的药品；库存变动信息也仅提供了部分药品的变动情况，未全面反映药店的库存状况。医保局对该药店负责人进行约谈，责令限期整改。

2. 政策依据

《条例》第十六条规定：定点医药机构应当向医疗保障行政部门报告医疗保障基金使用监督管理所需信息。

（五）未按照规定向社会公开医药费用、费用结构等信息

1. 案例描述

> **案例**
>
> 2022 年 10 月，某县市场监督管理局执法人员到某药房开展涉疫物资执法检查时发现，该药房内销售药柜的小儿咳喘灵颗粒（品牌：天溪牌，规格：2 克/袋、8 袋/盒，生产厂家：广东逢春制药有限公司）、赖氨酸维B_{12}颗粒（品牌：金蓓贝，规格：10 克/袋、14 袋/盒，生产厂家：湖南方盛制药股份有限公司）等药品未落实明码标价。针对该药房的上述行为，市场监督管理局要求其立即整改。

2. 政策依据

《条例》第十六条规定：定点医药机构应当向社会公开医药费用、费用结构等信息，接受社会监督。

根据《中华人民共和国价格法》《条例》等相关规定：定点零售药店需按照规定向社会公开医药费用等信息，销售药品全部实行明码标价并在"商品价格牌"上对医保药品做规范化的明确标识，保障参保人员的消费知情权。

（六）拒绝医疗保障等行政部门监督检查或者提供虚假情况

1. 案例描述

> 👆 **案例**
>
> 2023年9月，某市医保局在开展日常监管工作中，遇到某定点零售药店不配合监督检查以及提供虚假情况。该药店以各种理由拒绝配合检查，如拖延时间、不提供必要文件、设置障碍等。在医保局坚持要求下，该药店最终提供了部分信息，但经核实发现其中存在大量虚假情况。例如，该药店在药品采购和库存方面提供的数据与实际情况严重不符，存在虚报药品数量、价格等行为；故意隐瞒或篡改部分数据，试图掩盖其违规使用医保基金的行为。医保局对该药店负责人进行约谈，责令限期整改，并暂停其医保结算。（医保局针对该药店其他违法违规行为也作出了相应处罚，此处不再赘述）

2. 政策依据

《条例》第二十九条规定：医疗保障行政部门进行监督检查时，被检查对象应当予以配合，如实提供相关资料和信息，不得拒绝、阻碍检查或者谎报、瞒报。

二、整改原则

（一）执行医保政策，配合监督检查

积极与医保管理部门沟通、合作，确保对医保支付政策有深入的理解和

准确的执行。成立医疗保障基金使用管理专项小组，明确小组职责，并制定详细的医疗保障基金使用内部管理制度。加强药店员工的法律教育和职业道德教育，增强员工的法律意识和诚信意识。积极配合医保行政部门的监督检查工作，提供真实、完整、准确的相关资料和信息。对于提供虚假情况的行为，一经查实将严肃处理，并追究相关责任人的法律责任。

（二）完善医保、财务信息管理，主动公开费用信息

对现有的财务账目、会计凭证等资料进行整理和规范，确保资料的真实性和完整性。建立完善的资料保管制度，明确资料保管的责任人和保管期限，并采取必要的防火、防潮、防盗等措施。定期对资料进行自查和审查，确保资料符合相关规定和要求。建立医药费用、费用结构等信息的公开制度，明确公开的内容、方式和频率。在药店显著位置设置公示栏或公示牌，向社会公众公开相关信息。鼓励通过官方网站、微信公众号等渠道向更广泛的社会公众公开信息。

（三）强化信息管理，规范信息传输和报告

对药店的信息系统进行升级和改造，确保系统能够支持医疗保障基金使用数据的传送。安排专人对信息系统进行维护和管理，确保系统的正常运行和数据的安全。定期对传送的数据进行核对和审查，确保数据的准确性和完整性。明确需要报告的信息内容和报告频率，并建立相应的报告制度。安排专人负责信息报告工作，确保报告的及时性和准确性。对报告的信息进行定期汇总和分析，为医保行政部门提供决策支持。

（本章主要关注依据《条例》判断的违规行为，此类违规行为可能同时触犯其他法律或规章制度，在此不再详述。）